LES
NÉVROSES

PARIS

TYPOGRAPHIE GEORGES CHAMEROT

19, rue des Saints-Pères, 19

MAURICE ROLLINAT

LES NÉVROSES

LES AMES — LES LUXURES
LES REFUGES — LES SPECTRES
LES TÉNÈBRES

AVEC UN PORTRAIT DE L'AUTEUR PAR F. DESMOULIN

> Putredini dixi : Pater meus es ;
> Mater mea et soror mea, vermibus.
> — JOB.

SIXIÈME MILLE

PARIS

G. CHARPENTIER ET Cie, ÉDITEURS

13, RUE DE GRENELLE. 13

1885

Tous droits réservés.

MEMENTO QUIA PULVIS ES

Crachant au monde qu'il effleure
Sa bourdonnante vanité,
L'homme est un moucheron d'une heure
Qui veut pomper l'éternité.
C'est un corps jouisseur qui souffre,
Un esprit ailé qui se tord :
C'est le brin d'herbe au bord du gouffre,
    Avant la Mort.

Puis, la main froide et violette,
Il pince et ramène ses draps,
Sans pouvoir dire qu'il halète,
Étreint par d'invisibles bras.
Et dans son cœur qui s'enténèbre,
Il entend siffler le remord
Comme une vipère funèbre,
    Pendant la Mort.

VIII — MEMENTO QUIA PULVIS ES.

Enfin, l'homme se décompose,
S'émiette et se consume tout
Le vent déterre cette chose
Et l'éparpille on ne sait où.
Et le dérisoire fantôme,
L'oubli vient, s'accroupit et dort
Sur cette mémoire d'atome,
    Après la Mort!

LES AMES

LES AMES

LE FANTOME DU CRIME

A Edmond Haraucourt.

La mauvaise pensée arrive dans mon âme
En tous lieux, à toute heure, au fort de mes travaux,
Et j'ai beau m'épurer dans un rigoureux blâme
Pour tout ce que le Mal insuffle à nos cerveaux,
La mauvaise pensée arrive dans mon âme.

J'écoute malgré moi les notes infernales
Qui vibrent dans mon cœur où Satan vient cogner,
Et bien que j'aie horreur des viles saturnales
Dont l'ombre seulement suffit pour m'indigner,
J'écoute malgré moi les notes infernales.

Mon crâne est un cachot plein d'horribles bouffées :
Le fantôme du crime à travers ma raison
Y rôde, pénétrant comme un regard de fées.
Faut-il que ma vertu s'abreuve de poison!
Mon crâne est un cachot plein d'horribles bouffées.

Le meurtre, le viol, le vol, le parricide
Passent dans mon esprit comme un farouche éclair,
Et quoique pour le Bien toujours je me décide,
Je frémis en voyant ramper dans mon enfer
Le meurtre, le viol, le vol, le parricide.

Et pourtant l'assassin à mes yeux est vipère;
Je fuis le moindre escroc comme un pestiféré
Et je maudis le fils qui poignarde son père.
Souvent, le meurtre parle à mon cœur effaré,
Et pourtant l'assassin à mes yeux est vipère.

Je plains sincèrement la fille violée
Et je la vengerais si j'en avais le droit;
Mais par d'impurs désirs mon âme harcelée
Pour séduire une enfant cherche un moyen adroit :
Je plains sincèrement la fille violée !

Le Mal frappe sur moi comme un flot sur la grève :
Il accourt, lèche et fuit, sans laisser de limon,
Mais je conserve, hélas! le souvenir du rêve
Où j'ai failli saigner sous l'ongle d'un démon.
Le Mal frappe sur moi comme un flot sur la grève.

Satan! dans la géhenne où tes victimes brûlent,
Tu convoites un cœur qui n'est pas né pour toi;
Souverain d'un empire où les peuples pullulent,
Qu'as-tu besoin encor d'un juste sous ton toit,
Satan! roi des enfers où tous les damnés brûlent?

O toi! Cause première à qui l'effet remonte,
Aux yeux de Lucifer voile mon flanc si nu!
Et dans l'affreux danger qui parfois me démonte,
Je me sentirai fort si je suis soutenu
Par toi, Cause première à qui l'effet remonte!

L'homme est donc bien pervers, ou le ciel bien féroce!
Pourquoi l'instinct du mal est-il si fort en nous,
Que notre volonté subit son joug atroce
A l'heure où la prière écorche nos genoux?...
L'homme est donc bien pervers, ou le ciel bien féroce!

LA CONSCIENCE

La Conscience voit dans nous
Comme le chat dans les ténèbres.
Tous ! les obscurs et les célèbres,
L'impie et le moine à genoux,

Nous cachons en vain nos dessous
A ses regards froids et funèbres !
La Conscience voit dans nous
Comme le chat dans les ténèbres.

Tant que l'Esprit n'est pas dissous,
Et que le sang bat les vertèbres,
Elle déchiffre nos Algèbres,
Et plonge au fond de nos remous.
La Conscience voit dans nous ! —

LES FRISSONS

A Albert Wolff.

De la tourterelle au crapaud,
De la chevelure au drapeau,
A fleur d'eau comme à fleur de peau
    Les frissons courent:
Les uns furtifs et passagers,
Imperceptibles ou légers,
Et d'autres lourds et prolongés
    Qui vous labourent.

Le vent par les temps bruns ou clairs
Engendre des frissons amers
Qu'il fait passer du fond des mers
    Au bout des voiles;
Et tout frissonne, terre et cieux,
L'homme triste et l'enfant joyeux,
Et les pucelles dont les yeux
    Sont des étoiles !

Ils rendent plus doux, plus tremblés
Les aveux des amants troublés ;
Ils s'éparpillent dans les blés
    Et les ramures ;
Ils vont orageux ou follets
De la montagne aux ruisselets,
Et sont les frères des reflets
    Et des murmures.

Dans la femme où nous entassons
Tant d'amour et tant de soupçons,
Dans la femme tout est frissons :
    L'âme et la robe !
Oh ! celui qu'on voudrait saisir !
Mais à peine au gré du désir
A-t-il évoqué le plaisir,
    Qu'il se dérobe !

Il en est un pur et calmant,
C'est le frisson du dévoûment
Par qui l'âme est secrètement
    Récompensée,
Un frisson gai naît de l'espoir,
Un frisson grave du devoir ;
Mais la Peur est le frisson noir
    De la pensée.

La Peur qui met dans les chemins
Des personnages surhumains,
La Peur aux invisibles mains
    Qui revêt l'arbre
D'une carcasse ou d'un linceul ;
Qui fait trembler comme un aïeul
Et qui vous rend, quand on est seul,
    Blanc comme un marbre.

D'où vient que parfois, tout à coup,
L'angoisse te serre le cou ?
Quel problème insoluble et fou
    Te bouleverse,
Toi que la science a jauni,
Vieil athée âpre et racorni ?
— « C'est le frisson de l'Infini
    Qui me traverse ! »

Le strident quintessencié,
Edgar Poe, net comme l'acier,
Dégage un frisson de sorcier
    Qui vous envoûte !
Delacroix donne à ce qu'il peint
Un frisson d'if et de sapin,
Et la musique de Chopin
    Frissonne toute.

Les anémiques, les fiévreux,
Et les poitrinaires cireux,
Automates cadavéreux
      A la voix trouble,
Tous attendent avec effroi
Le retour de ce frisson froid
Et monotone qui décroît
      Et qui redouble.

Ils font grelotter sans répit
La Misère au front décrépit,
Celle qui rôde et se tapit
      Blafarde et maigre,
Sans gîte et n'ayant pour l'hiver
Qu'un pauvre petit châle vert
Qui se tortille comme un ver
      Sous la bise aigre.

Frisson de vie et de santé,
De jeunesse et de liberté,
Frisson d'aurore et de beauté
      Sans amertume;
Et puis, frisson du mal qui mord,
Frisson du doute et du remord,
Et frisson final de la mort
      Qui nous consume!

LES REFLETS

A André Gill.

Mon œil halluciné conserve en sa mémoire
Les reflets de la lune et des robes de moire,
Les reflets de la mer et ceux des cierges blancs
Qui brûlent pour les morts près des rideaux tremblants.
Oui, pour mon œil épris d'ombre et de rutilance,
Ils ont tant de souplesse et tant de nonchalance
Dans leur mystérieux et glissant va-et-vient,
Qu'après qu'ils ont passé mon regard s'en souvient.
Leur fascination m'est douce et coutumière :
Ames de la clarté, soupirs de la lumière,
Ils imprègnent mon art de leur mysticité
Et filtrent comme un rêve en mon esprit hanté ;
Et j'aime ces baisers de la lueur qui rôde,
Qu'ils me viennent de l'onde ou bien de l'émeraude !

LES LARMES DU MONDE

A la mémoire de mon frère Émile Rollinat.

Dans les yeux de l'Humanité
La Douleur va mirer ses charmes.
Tous nos rires, tous nos vacarmes
Sanglotent leur inanité !

En vain l'orgueil et la santé
Sont nos boucliers et nos armes,
Dans les yeux de l'Humanité
La Douleur va mirer ses charmes.

Et l'inerte Fatalité
Qui se repaît de nos alarmes,
Sourit à l'océan de larmes
Qui roule pour l'éternité
Dans les yeux de l'Humanité !

DOULEUR MUETTE

A Victor Lalotte.

Pas de larmes extérieures !
Sois le martyr mystérieux ;
Cache ton âme aux curieux
Chaque fois que tu les effleures.

Au fond des musiques mineures
Épanche ton rêve anxieux.
Pas de larmes extérieures !
Sois le martyr mystérieux.

Tais-toi, jusqu'à ce que tu meures !
Le vrai spleen est silencieux
Et la Conscience a des yeux
Pour pleurer à toutes les heures !
Pas de larmes extérieures ! —

LES PARFUMS

A Georges Lorin.

Un parfum chante en moi comme un air obsédant :
Tout mon corps se repaît de sa moindre bouffée,
Et je crois que j'aspire une haleine de fée,
Qu'il soit proche ou lointain, qu'il soit vague ou strident.

Fils de l'air qui les cueille ou bien qui les déterre,
Ils sont humides, mous, froids ou chauds comme lui,
Et, comme l'air encor, dès que la lune a lui,
Ils ont plus de saveur ayant plus de mystère.

Oh oui! dans l'ombre épaisse ou dans le demi-jour,
Se gorger de parfums comme d'une pâture,
C'est bien subodorer l'âme de la Nature,
Humer le souvenir, et respirer l'amour !

Ces doux asphyxieurs aussi lents qu'impalpables
Divinisent l'extase au milieu des sophas,
Et les folles Iñès et les pâles Raphas
En pimentent l'odeur de leurs baisers coupables.

Ils font pour me bercer d'innombrables trajets
Dans l'air silencieux des solitudes mornes,
Et là, se mariant à mes rêves sans bornes,
Savent donner du charme aux plus hideux objets.

Toute la femme aimée est dans le parfum tiède
Qui sort comme un soupir des flacons ou des fleurs,
Et l'on endort l'ennui, le vieux Roi des douleurs,
Avec cet invisible et délicat remède.

Sois béni, vert printemps, si cher aux cœurs blessés,
Puisqu'en ressuscitant la flore ensevelie
Tu parfumes de grâce et de mélancolie
Les paysages morts que l'hiver a laissé

Tous les cœurs désolés, toutes les âmes veuves
Leur conservent un flair pieux, et l'on a beau
Vivre ainsi qu'un cadavre au fond de son tombeau,
Les parfums sont toujours des illusions neuves.

S'ils errent, dégagés de tout mélange impur,
Rampant sur la couleur, chevauchant la musique,
On est comme emporté loin du monde physique
Dans un paradis bleu chaste comme l'azur!

Mais lorsque se mêlant aux senteurs de la femme
Dont la seule âcreté débauche la raison,
Ils en font un subtil et capiteux poison
Qu'aspirent à longs traits les narines en flamme,

C'est le Vertige aux flux et reflux scélérats
Qui monte à la cervelle et perd la conscience,
Et l'on mourrait alors avec insouciance
Si la Dame aux parfums disait : « Meurs dans mes bras ! »

Complices familiers des lustres et des cierges,
Ils sont tristes ou gais, chastes ou corrupteurs ;
Et plus d'un sanctuaire a d'impures senteurs
Qui vont parler d'amour aux muqueuses des vierges.

Par eux, l'esprit s'aiguise et la chair s'ennoblit ;
Ils chargent de langueur un mouchoir de batiste,
Et pour le sensuel et fastueux artiste,
Ils sont les receleurs du songe et de l'oubli :

— Jusqu'à ce que l'infecte et mordante mixture
De sciure de bois, de son et de phénol
Saupoudre son corps froid, couleur de vitriol,
Dans le coffre du ver et de la pourriture.

LES BIENFAITS DE LA NUIT

A Raoul Lafagette.

Quand le chagrin, perfide et lâche remorqueur,
Me jette en ricanant son harpon qui s'allonge,
La Nuit m'ouvre ses bras pieux où je me plonge
Et mêle sa rosée aux larmes de mon cœur.

A son appel sorcier, l'espoir, lutin moqueur,
Agite autour de moi ses ailes de mensonge,
Et dans l'immensité de l'espace et du songe
Mes regrets vaporeux s'éparpillent en chœur.

Si j'évoque un son mort qui tourne et se balance,
Elle sait me chanter la valse du silence
Avec ses mille voix qui ne font pas de bruit ;

Et lorsque promenant ma tristesse moins brune,
Je souris par hasard et malgré moi, — la Nuit
Vole, pour me répondre, un sourire à la lune.

LA CRÉOLE

Voici l'heure décolorée :
La créole a quitté l'ombrelle
Et bâille dans son hamac frêle
Au bruit de la vague éplorée.

Les chatoîments du clair de lune
Vont et viennent sur sa peau brune :

Cependant que sur l'âpre dune
Les algues soufflent leur parfum.
Plus d'un boa cherchant fortune
Dans la forêt se traîne à jeun,

Et les colibris, un par un,
S'effacent dans le jour défunt.

Gracieux fantôme indistinct,
Elle dort d'un sommeil profond,
Et la couleur de l'air se fond
Avec la couleur de son teint.

LE SILENCE

A Mademoiselle A. H.

Le silence est l'âme des choses
Qui veulent garder leur secret.
Il s'en va quand le jour paraît,
Et revient dans les couchants roses.

Il guérit des longues névroses,
De la rancune et du regret.
Le silence est l'âme des choses
Qui veulent garder leur secret.

A tous les parterres de roses
Il préfère un coin de forêt
Où la lune au rayon discret
Frémit dans les arbres moroses :
Le silence est l'âme des choses.

NOCTURNE

A Robert Caze.

L'aboîment des chiens dans la nuit
Fait songer les âmes qui pleurent,
Qui frissonnent et qui se meurent,
A bout de souffrance et d'ennui.

Ils ne comprennent pas ce bruit,
Ceux-là que les chagrins effleurent !
L'aboîment des chiens dans la nuit
Fait songer les âmes qui pleurent.

Mais, hélas! quand l'espoir s'enfuit,
Et que, seuls, les regrets demeurent,
Quand tous les sentiments nous leurrent,
Alors on écoute et l'on suit
L'aboîment des chiens dans la nuit.

L'ANGE GARDIEN

Archange féminin dont le bel œil, sans trêve,
Miroite en s'embrumant comme un soleil navré,
Apaise le chagrin de mon cœur enfiévré,
Reine de la douceur, du silence et du rêve.

Inspire-moi l'effort qui fait qu'on se relève,
Enseigne le courage à mon corps éploré,
Sauve-moi de l'ennui qui me rend effaré,
Et fourbis mon espoir rouillé comme un vieux glaive.

Rallume à ta gaîté mon pauvre rire éteint;
Use en moi le vieil homme, et puis, soir et matin,
Laisse-moi t'adorer comme il convient aux anges!

Laisse-moi t'adorer loin du monde moqueur,
Au bercement plaintif de tes regards étranges,
Zéphyrs bleus charriant les parfums de ton cœur!

LES PLAINTES

A Charles Keller.

Venus des quatre coins de l'horizon farouche,
De la cime des pics et du fond des remous,
Les aquilons rageurs sont d'invisibles fous
Qui fouettent sans lanière et qui hurlent sans bouche.

Les ruisseaux n'ont jamais que des bruits susurreurs
Dans leur tout petit lit qui serpente et qui vague,
Et l'on n'entend sortir qu'un murmure très vague
Des étangs recueillis sous les saules pleureurs.

Mais la mer qui gémit comme une âme qui souffre,
Tord sous les cieux muets ses éternels sanglots
Où viennent se mêler dans l'écume des flots
Les suffocations des noyés qu'elle engouffre.

Quand s'exhalent, après que l'orage a cessé,
Les souffles de la nuit plus légers que des bulles,
La plainte en *la* mineur des crapauds noctambules
Fait gémir le sillon, l'ornière et le fossé.

Jérémie aux cent bras sur qui le vent halète,
L'arbre a tous les sanglots dans ses bruissements,
Et l'écho des forêts redit les grincements
Du loup, trotteur affreux que la faim rend squelette

Quand je passe, le soir, dans un val écarté,
Je frissonne au cri rauque et strident de l'orfraie,
Car, pour moi, cette plainte errante qui m'effraie,
C'est le gémissement de la fatalité.

Sous l'archet sensitif où passent nos alarmes
L'âme des violons sanglote, et sous nos doigts,
La harpe, avec un bruit de source dans les bois,
Égrène, à sons mouillés, la musique des larmes.

Le soupir clandestin des vierges de beauté
Semble remercier l'amour qui les effleure,
Mais la plainte amoureuse est un regret qui pleure
Le plaisir déjà mort avant d'avoir été.

En vain l'on se défend, en vain l'on fait mystère
Des maux que la clarté du jour semble assoupir,
Tout l'homme intérieur, dans un affreux soupir,
Raconte son angoisse à la nuit solitaire.

Et le tas vagabond des parias craintifs,
Noirs pèlerins geigneurs, sans gourde, ni sandales,
Partout, sur les planchers, les cailloux et les dalles,
Passent comme un troupeau de fantômes plaintifs.

Dans la forêt des croix, tombes vieilles et neuves,
Combien vous entendez de femmes à genoux
Gémir avec des sons plus tristes et plus doux
Que les roucoulements des tourterelles veuves !

Tandis que, dans un cri forcené qui le tord,
L'enfant paraît déjà se plaindre de la vie,
L'aïeul qui le regarde avec un œil d'envie
Grommelle d'épouvante en songeant à la mort.

L'agonisant croasse un lamento qui navre ;
Et quand les morts sont clos dans leur coffre obsédant,
Le hoquet gargouilleur qu'ils ont en se vidant
Filtre comme la plainte infecte du cadavre.

— Elles ont des échos vibrant comme des glas
Et s'enfonçant avec une horrible vitesse
Dans mon funèbre cœur plein d'ombre et de tristesse
Où se sont installés les hiboux des Hélas ;

Oui ! dans le grondement formidable des nues
Mon âme entend parfois l'Infini sangloter,
Mon âme ! où vont s'unir et se répercuter
Tous les frissons épars des douleurs inconnues !

LES VIERGES

A Paul Eudel.

Le cœur des vierges de vingt ans
Est inquiet comme la feuille,
Et tout leur corps aspire et cueille
Les confidences du Printemps.

Le jour, aux parfums excitants
Du lilas et du chèvrefeuille,
Le cœur des vierges de vingt ans
Est inquiet comme la feuille.

Le soir, sur le bord des étangs,
Chacune rôde et se recueille,
Et leur secret que l'ombre accueille
Fait sourire ou pleurer longtemps
Le cœur des vierges de vingt ans.

MYSTÈRE

A Gustave Gœtschy.

Pourquoi donc rougit la pucelle
En face de l'adolescent ?
Pourquoi ce rire languissant
Et cette allure qui chancelle ?

Qu'est-ce qui mouille l'étincelle
De son beau regard innocent ?
Pourquoi donc rougit la pucelle
En face de l'adolescent ?

Ce vermillon qui la harcèle
Lui vient-il de l'âme ou du sang ?
Est-ce un danger qu'elle pressent ?
Est-ce un désir qu'elle recèle ?
Pourquoi donc rougit la pucelle ? —

L'ANGE PALE

A la longue, je suis devenu bien morose :
Mon rêve s'est éteint, mon rire s'est usé.
Amour et Gloire ont fui comme un parfum de rose;
Rien ne fascine plus mon cœur désabusé.

Il me reste pourtant un ange de chlorose,
Enfant pâle qui veille et cherche à m'apaiser;
Sorte de lys humain que la tristesse arrose
Et qui suspend son âme aux ailes du baiser.

Religieux fantôme aux charmes narcotiques!
Un fluide câlin sort de ses doigts mystiques;
Le rythme de son pas est plein de nonchaloir.

La pitié de son geste émeut ma solitude;
A toute heure, sa voix infiltreuse d'espoir
Chuchote un mot tranquille à mon inquiétude.

LE GOUT DES LARMES

A ma Mère.

L'Énigme désormais n'a plus rien à me taire,
J'étreins le vent qui passe et le reflet qui fuit,
Et j'entends chuchoter aux lèvres de la Nuit
La révélation du gouffre et du mystère.

Je promène partout où le sort me conduit
Le savoureux tourment de mon art volontaire;
Mon âme d'autrefois qui rampait sur la terre
Convoite l'outre-tombe et s'envole aujourd'hui.

Mais en vain je suis mort à la tourbe des êtres :
Mon oreille et mes yeux sont encor des fenêtres
Ouvertes sur leur plainte et leur convulsion;

Et dans l'affreux ravin des deuils et des alarmes,
Mon esprit résigné, plein de compassion,
Flotte au gré du malheur sur des ruisseaux de larmes.

LA VOIX

Voix de surnaturelle amante ventriloque
Qui toujours me pénètre en voulant m'effleurer;
Timbre mouillé qui charme autant qu'il interloque,
Son bizarre d'un triste à vous faire pleurer;
Voix de surnaturelle amante ventriloque!

Dit par elle, mon nom devient une musique :
C'est comme un tendre appel fait par un séraphin
Qui m'aimerait d'amour et qui serait phtisique.
O Voix dont mon oreille intérieure a faim!
Dit par elle, mon nom devient une musique.

Très basse par instants, mais jamais enrouée;
Venant de dessous terre ou bien de l'horizon,
Et quelquefois perçante à faire une trouée
Dans le mur de la plus implacable prison;
Très basse par instants, mais jamais enrouée.

Oh! comme elle obéit à l'âme qui la guide!
Sourde, molle, éclatante et rauque, tour à tour;
Elle emprunte au ruisseau son murmure liquide
Quand elle veut parler la langue de l'amour :
Oh! comme elle obéit à l'âme qui la guide!

Et puis elle a des sons de métal et de verre :
Elle est violoncelle, alto, harpe, hautbois;
Elle semble sortir, fatidique ou sévère,
D'une bouche de marbre ou d'un gosier de bois,
Et puis elle a des sons de métal et de verre.

Tu n'as jamais été l'instrument du mensonge;
O la reine des voix, tu ne m'as jamais nui;
Câline escarpolette où se berce le songe,
Philtre mélodieux dont s'abreuve l'ennui,
Tu n'as jamais été l'instrument du mensonge.

Tout mon être se met à vibrer, quand tu vibres,
Et tes chuchotements les plus mystérieux
Sont d'invisibles doigts qui chatouillent mes fibres;
O Voix qui me rends chaste et si luxurieux,
Tout mon être se met à vibrer quand tu vibres!

LA PAROLE

Avec le masque du mensonge
La parole suit son chemin,
Rampe aujourd'hui, vole demain,
Se raccourcit ou bien s'allonge.

Elle empoigne comme une main
Et se dérobe comme un songe.
Avec le masque du mensonge
La parole suit son chemin.

Cœurs de gaze et de parchemin,
Chacun la boit comme une éponge,
Et jusqu'au fond du gouffre humain
Elle s'insinue et se plonge
Avec le masque du mensonge.

LES ÉTOILES BLEUES

Au creux de mon abîme où se perd toute sonde,
Maintenant, jour et nuit, je vois luire deux yeux,
Amoureux élixirs de la flamme et de l'onde,
Reflets changeants du spleen et de l'azur des cieux.

Ils sont trop singuliers pour être de ce monde,
Et pourtant ces yeux fiers, tristes et nébuleux,
Sans cesse en me dardant leur lumière profonde
Exhalent des regards qui sont des baisers bleus.

Rien ne vaut pour mon cœur ces yeux pleins de tendresse
Uniquement chargés d'abreuver mes ennuis :
Lampes de ma douleur, phares de ma détresse,

Les yeux qui sont pour moi l'étoile au fond d'un puits,
Adorables falots mystiques et funèbres
Zébrant d'éclairs divins la poix de mes ténèbres.

LES YEUX BLEUS

Tes yeux bleus comme deux bluets
Me suivaient dans l'herbe fanée
Et près du lac aux joncs fluets
Où la brise désordonnée
Venait danser des menuets.

Chère Ange, tu diminuais
Les ombres de ma destinée,
Lorsque vers moi tu remuais
    Tes yeux bleus.

Mes spleens, tu les atténuais,
Et ma vie était moins damnée
A cette époque fortunée
Où dans l'âme, à frissons muets,
Tendrement tu m'insinuais
    Tes yeux bleus!

LES YEUX

Partout je les évoque et partout je les vois,
Ces yeux ensorceleurs si mortellement tristes.
Oh! comme ils défiaient tout l'art des coloristes,
Eux qui mimaient sans geste et qui parlaient sans voix

Yeux lascifs, et pourtant si noyés dans l'extase,
Si friands de lointain, si fous d'obscurité!
Ils s'ouvraient lentement, et, pleins d'étrangeté,
Brillaient comme à travers une invisible gaze.

Confident familier de leurs moindres regards,
J'y lisais des refus, des vœux et des demandes;
Bleus comme des saphirs, longs comme des amandes,
Ils devenaient parfois horriblement hagards.

Tantôt se reculant d'un million de lieues,
Tantôt se rapprochant jusqu'à rôder sur vous,
Ils étaient tour à tour inquiétants et doux :
Et moi, je suis hanté par ces prunelles bleues!

Quels vers de troubadours, quels chants de ménestrels,
Quels pages chuchoteurs d'exquises babioles,
Quels doigts pinceurs de luths ou gratteurs de violes
Ont célébré des yeux aussi surnaturels !

Ils savouraient la nuit, et vers la voûte brune
Ils se levaient avec de tels élancements,
Que l'on aurait pu croire, à de certains moments,
Qu'ils avaient un amour effréné pour la lune.

Mais ils considéraient ce monde avec stupeur :
Sur nos contorsions, nos colères, nos rixes,
Le spleen en découlait dans de longs regards fixes
Où la compassion se mêlait à la peur.

Messaline, Sapho, Cléopâtre, Antiope
Avaient fondu leurs yeux dans ces grands yeux plaintifs.
Oh ! comme j'épiais les clignements furtifs
Qui leur donnaient soudain un petit air myope.

Aux champs, l'été, dans nos volontaires exils,
Près d'un site charmeur où le regard s'attache,
O parcelles d'azur, ô prunelles sans tache,
Vous humiez le soleil que tamisaient vos cils !

Vous aimiez les frissons de l'herbe où l'on se vautre ;
Et parfois au-dessus d'un limpide abreuvoir
Longtemps vous vous baissiez, naïves, pour vous voir
Dans le cristal de l'eau moins profond que le vôtre.

Deux bluets par la brume entrevus dans un pré
Me rappellent ces yeux brillant sous la voilette,
Ces yeux de courtisane admirant sa toilette
Avec je ne sais quoi d'infiniment navré.

Ma passion jalouse y buvait sans alarmes,
Mon âme longuement s'y venait regarder,
Car ces magiques yeux avaient pour se farder
Le bistre du plaisir et la pâleur des larmes!...

VIOLETTE

De violette et de cinname,
De corail humide et rosé,
De marbre vif, d'ombre et de flamme
Est suavement composé
Ton joli petit corps de femme.

Pour mon amour qui te réclame
Ton reproche vite apaisé
Est ce qu'est pour la brise un blâme
De violette.

Ton savoir a toute la gamme;
L'énigme craint ton œil rusé,
Et ton esprit subtilisé
Avec le rêve s'amalgame :
Mais ta modestie est une âme
De violette.

L'INTROUVABLE

Ton amour est-il pur comme les forêts vierges,
Berceur comme la nuit, frais comme le Printemps?
Est-il mystérieux comme l'éclat des cierges,
Ardent comme la flamme et long comme le temps?

Lis-tu dans la nature ainsi qu'en un grand livre?
En toi, l'instinct du mal a-t-il gardé son mors?
Préfères-tu, — trouvant que la douleur enivre, —
Le sanglot des vivants au mutisme des morts?

Avide de humer l'atmosphère grisante,
Aimes-tu les senteurs des sapins soucieux,
Celles de la pluie âcre et de l'Aube irisante
Et les souffles errants de la mer et des cieux?

Et les chats, les grands chats dont la caresse griffe,
Quand ils sont devant l'âtre accroupis de travers,
Saurais-tu déchiffrer le vivant logogriphe
Qu'allume le phosphore au fond de leurs yeux verts?

Es-tu la confidente intime de la lune,
Et, tout le jour, fuyant le soleil ennemi,
As-tu l'amour de l'heure inquiétante et brune
Où l'objet grandissant ne se voit qu'à demi?

S'attache-t-il à toi le doute insatiable,
Comme le tartre aux dents, comme la rouille au fer?
Te sens-tu frissonner quand on parle du diable,
Et crois-tu qu'il existe ailleurs que dans l'enfer?

As-tu peur du remords plus que du mal physique,
Et vas-tu dans Pascal abreuver ta douleur?
Chopin est-il pour toi l'Ange de la musique,
Et Delacroix le grand sorcier de la couleur?

As-tu le rire triste et les larmes sincères,
Le mépris sans effort, l'orgueil sans vanité?
Fuis-tu les cœurs banals et les esprits faussaires
Dans l'asile du rêve et de la vérité?

— Hélas! autant vaudrait questionner la tombe!
La bouche de la femme est donc close à jamais
Que, nulle part, le Oui de mon âme n'en tombe?.
Je l'interroge encore et puis encore... mais,
Hélas! autant vaudrait questionner la tombe!...

L'HABITUDE

La goutte d'eau de l'Habitude
Corrode notre liberté
Et met sur notre volonté
La rouille de la servitude.

Elle infiltre une quiétude
Pleine d'incuriosité :
La goutte d'eau de l'Habitude
Corrode notre liberté.

Qui donc fertilise l'étude
Et fait croupir l'oisiveté?
Qui donc endort l'adversité
Et moisit la béatitude?
La goutte d'eau de l'Habitude! —

L'ESPÉRANCE

L'Espérance est un merle blanc
Dont nous sommes la triste haie :
Elle voltige sur la plaie
Et siffle au bord du cœur tremblant.

Mais son vol n'est qu'un faux semblant;
Sa sérénade n'est pas vraie.
L'Espérance est un merle blanc
Dont nous sommes la triste haie.

Et tandis que, rapide ou lent,
Le Désespoir est une orfraie
Dont le cri certain nous effraie,
Et dont le bec va nous criblant,
L'Espérance est un merle blanc.

L'ENVIE

Paix à ces malheureux Esprits
En qui la Haine s'accoutume
Et dont le destin se résume
A mâcher des venins aigris.

La justice étouffe leurs cris
Et les rabat dans leur écume :
Paix à ces malheureux esprits
En qui la Haine s'accoutume.

Pauvres nains tors et rabougris
Que leur impuissance consume!
Plaignons-les donc sans amertume
Et pardonnons-leur sans mépris :
Paix à ces malheureux Esprits.

LES PETITS SOULIERS

Tes petits souliers noirs grillés comme une cage
Emprisonnent tes pieds plus vifs que des oiseaux,
Laissant voir à travers leurs délicats réseaux
Tes bas coloriés fleuris comme un langage.

Ils ont le glissement du vent dans le bocage,
La grâce tournoyeuse et grêle des fuseaux,
L'air mutin de l'abeille aux pointes des roseaux
Ou de la sauterelle au milieu d'un pacage.

En vain, ils sont partout mes suiveurs familiers,
Par l'aspect et le bruit de tes petits souliers
J'ai toujours les yeux pris et l'oreille conquise ;

Et quand les mauvais jours me séparent de toi,
Ton souvenir les fait sonner derrière moi
Et brode sur mon cœur leur silhouette exquise.

AQUARELLE

Adorablement naturiste,
Ma mignonne peint dans les bois,
Aux sons de harpe et de hautbois
Roucoulés par un ruisseau triste.

Ingénu, curieux, artiste,
Et nuit et jour prompt aux effrois,
Son œil maudit les serpents froids
Et rit aux bluets d'améthyste.

Rougeoîment des feuilles de buis,
Usure verte des vieux puits,
Lueurs d'étoiles presque éteintes,

Lichens gris du ravin profond
Attirent ses regards qui vont
Se pâmer dans les demi-teintes.

LES CLOCHES

Les cloches de nos basiliques
S'esquivent tous les jeudis saints,
Et vont à Rome par essaims
Taciturnes et symboliques.

Quand leurs battants, à coups obliques,
Ont sonné de pieux tocsins,
Les cloches de nos basiliques
S'esquivent tous les jeudis saints.

Et dans leurs robes métalliques
A l'abri des regards malsains,
En rang, comme des capucins,
Elles s'en vont, mélancoliques,
Les cloches de nos basiliques.

LE CIEL

A Léon Bloy.

Le Ciel est le palais des Ames
Et des bonheurs éternisés :
Là, joignant ses doigts irisés,
La Vierge prie avec ses dames.

Les Esprits y fondent leurs flammes,
Les Cœurs s'y donnent des baisers!
Le Ciel est le palais des Ames
Et des bonheurs éternisés.

Sur l'aile pure des Cinnames
Et des zéphyrs angélisés,
Les corps blancs et divinisés,
Flottent comme des oriflammes;
Le Ciel est le palais des âmes!

LA BLANCHISSEUSE DU PARADIS

A Mademoiselle Ducasse.

Au son de musiques étranges
De harpes et de clavecins,
Tandis que flottent par essaims
Les cantiques et les louanges,

Elle blanchit robes et langes
Dans l'eau bénite des bassins,
Au son de musiques étranges
De harpes et de clavecins.

Et les bienheureuses phalanges
Peuvent la voir sur des coussins
Repassant les surplis des saints
Et les collerettes des anges,
Au son de musiques étranges.

A UNE MYSTÉRIEUSE

J'aime tes longs cheveux et tes pâles menottes,
Tes petits pieds d'enfant, aux ongles retroussés,
Tes yeux toujours pensifs et jamais courroucés,
Ta bouche de velours et tes fines quenottes.

Puis, j'adore ton cœur où, comme des linottes,
Gazouillent à loisir tes rêves cadencés ;
Ton cœur, aux sentiments touffus et nuancés,
Et ton esprit qui jase avec toutes les notes.

Ton frôlement me fait tressaillir jusqu'aux os
Et dans ses regards pleins d'invisibles réseaux
Ta prunelle mystique enveloppe mon âme :

Donc, tu m'as tout entier, tu me subjugues ! Mais,
En toi, je ne sais pas et ne saurai jamais
Ce que j'aime le mieux de l'Ange ou de la Femme !

LA MUSIQUE

A Frédéric Lapuchin.

A l'heure où l'ombre noire
    Brouille et confond
La lumière et la gloire
    Du ciel profond,
Sur le clavier d'ivoire
    Mes doigts s'en vont.

Quand les regrets et les alarmes
Battent mon sein comme des flots,
La musique traduit mes larmes
Et répercute mes sanglots.

Elle me verse tous les baumes
Et me souffle tous les parfums ;
Elle évoque tous mes fantômes
Et tous mes souvenirs défunts.

Elle m'apaise quand je souffre,
Elle délecte ma langueur,
Et c'est en elle que j'engouffre
L'inexprimable de mon cœur.

LES AMES.

Elle mouille comme la pluie,
Elle brûle comme le feu ;
C'est un rire, une brume enfuie
Qui s'éparpille dans le bleu.

Dans ses fouillis d'accords étranges
Tumultueux et bourdonnants,
J'entends claquer des ailes d'anges
Et des linceuls de revenants ;

Les rythmes ont avec les gammes
De mystérieux unissons ;
Toutes les notes sont des âmes,
Des paroles et des frissons.

O Musique, torrent du rêve,
Nectar aimé, philtre béni,
Cours, écume, bondis sans trêve
Et roule-moi dans l'infini.

A l'heure où l'ombre noire
   Brouille et confond
La lumière et la gloire
   Du ciel profond,
Sur le clavier d'ivoire
   Mes doigts s'en vont.

LE PIANO

A Marcel Noël.

Puis-je te célébrer autant que je le dois,
Cher interlocuteur au langage mystique ?
Hier encor, le chagrin, ruisselant de mes doigts,
T'arrachait un sanglot funèbre et sympathique.

Sois fier d'être incompris de la vulgarité !
Beethoven a sur toi déchaîné sa folie,
Et Chopin, cet Archange ivre d'étrangeté,
T'a versé le trop plein de sa mélancolie.

Le rêve tendrement peut flotter dans tes sons ;
La volupté se pâme avec tous ses frissons
Dans tes soupirs d'amour et de tristesse vague ;

Intime confident du vrai musicien,
Tu consoles son cœur et son esprit qui vague
Par ton gémissement, fidèle écho du sien.

MARCHES FUNÈBRES

Toi, dont les longs doigts blancs de statue amoureuse,
Agiles sous le poids des somptueux anneaux,
Tirent la voix qui berce et le sanglot qui creuse
Des entrailles d'acier de tes grands pianos,

Toi, le cœur inspiré qui veux que l'Harmonie
Soit une mer où vogue un chant mélodieux,
Toi qui, dans la musique, à force de génie,
Fais chanter les retours et gémir les adieux

Joue encore une fois ces deux marches funèbres
Que laissent Beethoven et Chopin, ces grands morts,
Pour les agonisants, pèlerins des ténèbres,
Qui s'en vont au cercueil, graves et sans remords.

Plaque nerveusement sur les touches d'ivoire
Ces effrayants accords, glas de l'humanité,
Où la vie en mourant exhale un chant de gloire
Vers l'azur idéal de l'immortalité.

Et tu seras bénie, et ce soir dans ta chambre
Où tant de frais parfums vocalisent en chœur,
Poète agenouillé sous tes prunelles d'ambre,
Je baiserai tes doigts qui font pleurer mon cœur!

CHOPIN

A Paul Viardot.

Chopin, frère du gouffre, amant des nuits tragiques,
Ame qui fus si grande en un si frêle corps,
Le piano muet songe à tes doigts magiques
Et la musique en deuil pleure tes noirs accords.

L'harmonie a perdu son Edgar Poe farouche
Et la mer mélodique un de ses plus grands flots.
C'est fini ! le soleil des sons tristes se couche,
Le Monde pour gémir n'aura plus de sanglots !

Ta musique est toujours — douloureuse ou macabre —
L'hymne de la révolte et de la liberté,
Et le hennissement du cheval qui se cabre
Est moins fier que le cri de ton cœur indompté.

Les délires sans nom, les baisers frénétiques
Faisant dans l'ombre tiède un cliquetis de chairs,
Le vertige infernal des valses fantastiques,
Les apparitions vagues des défunts chers ;

La morbide lourdeur des blancs soleils d'automne ;
Le froid humide et gras des funèbres caveaux ;
Les bizarres frissons dont la vierge s'étonne
Quand l'été fait flamber les cœurs et les cerveaux ;

L'abominable toux du poitrinaire mince
Le harcelant alors qu'il songe à l'avenir ;
L'ineffable douleur du paria qui grince
En maudissant l'amour qu'il eût voulu bénir ;

L'âcre senteur du sol quand tombent des averses ;
Le mystère des soirs où gémissent les cors ;
Le parfum dangereux et doux des fleurs perverses ;
Les angoisses de l'âme en lutte avec le corps ;

Tout cela, torsions de l'esprit, mal physique,
Ces peintures, ces bruits, cette immense terreur,
Tout cela, je le trouve au fond de ta musique
Qui ruisselle d'amour, de souffrance et d'horreur.

Vierges tristes malgré leurs lèvres incarnates,
Tes blondes mazurkas sanglotent par moments,
Et la poignante humour de tes sombres sonates
M'hallucine et m'emplit de longs frissonnements.

Au fond de tes Scherzos et de tes Polonaises,
Epanchements d'un cœur mortellement navré,
J'entends chanter des lacs et rugir des fournaises
Et j'y plonge avec calme et j'en sors effaré.

Sur la croupe onduleuse et rebelle des gammes
Tu fais bondir des airs fauves et tourmentés,
Et l'âpre et le touchant, quand tu les amalgames,
Raffinent la saveur de tes étrangetés.

Ta musique a rendu les souffles et les râles,
Les grincements du spleen, du doute et du remords,
Et toi seul as trouvé les notes sépulcrales
Dignes d'accompagner les hoquets sourds des morts.

Triste ou gai, calme ou plein d'une angoisse infinie,
J'ai toujours l'âme ouverte à tes airs solennels,
Parce que j'y retrouve à travers l'harmonie,
Des rires, des sanglots et des cris fraternels.

Hélas! toi mort, qui donc peut jouer ta musique?
Artistes fabriqués, sans nerf et sans chaleur,
Vous ne comprenez pas ce que le grand Phtisique
A versé de génie au fond de sa douleur!

EDGAR POE

Edgar Poe fut démon, ne voulant pas être Ange.
Au lieu du Rossignol, il chanta le Corbeau ;
Et dans le diamant du Mal et de l'Étrange
Il cisela son rêve effroyablement beau.

Il cherchait dans le gouffre où la raison s'abîme
Les secrets de la Mort et de l'Éternité,
Et son âme où passait l'éclair sanglant du crime
Avait le cauchemar de la Perversité.

Chaste, mystérieux, sardonique et féroce,
Il raffine l'Intense, il aiguise l'Atroce ;
Son arbre est un cyprès ; sa femme, un revenant.

Devant son œil de lynx le problème s'éclaire :
— Oh ! comme je comprends l'amour de Baudelaire
Pour ce grand Ténébreux qu'on lit en frissonnant !

BALZAC

A Julien Penel.

Balzac est parmi nous le grand poète en prose,
Et jamais nul esprit sondeur du gouffre humain,
N'a fouillé plus avant la moderne névrose,
Ni gravi dans l'Art pur un plus âpre chemin.

D'un siècle froid, chercheur, hystérique et morose
Il a scruté le ventre et disséqué la main ;
Et son œuvre est un parc sensitif où la rose
Fait avec l'asphodèle un ténébreux hymen.

Mineur amer, piochant la houille des idées,
Il est le grand charmeur des âmes corrodées
Par le chancre du spleen, du doute et du remord ;

Et la société, ridicule et tragique,
Mire ses passions dans ce cristal magique,
Double comme la vie et nu comme la mort.

A L'INACCESSIBLE

Argile toujours vierge, inburinable airain,
Magicien masqué plus tyran que la femme,
Art! Terrible envoûteur qui martyrise l'âme,
Railleur mystérieux de l'esprit pèlerin!

Il n'est pas de poète insoumis à ton frein :
Et tous ceux dont la gloire ici-bas te proclame
Savent que ton autel épuisera leur flamme
Et qu'ils récolteront ton mépris souverain.

Rageuse inquiétude et patience blême
Usent leurs ongles d'or à fouiller ton problème ;
L'homme évoque pourtant ton mirage moqueur ;

Longuement il te cherche et te poursuit sans trêve,
Abîme où s'engloutit la tendresse du cœur,
Zénith où cogne en vain l'avidité du rêve !

L'IMPUISSANCE DE DIEU

A Ernest Hello.

Dieu voudrait sauver Lucifer
Qui brûle, depuis tant d'années,
Au milieu des flammes damnées
De son épouvantable Enfer.

Mais l'Archange hautain et fier
Ne tend pas ses mains calcinées :
Dieu voudrait sauver Lucifer
Qui brûle depuis tant d'années.

En vain sur son trône de fer,
Satan garde encore, obstinées,
Ses révoltes impardonnées
Et triomphe d'avoir souffert,
Dieu voudrait sauver Lucifer ! —

L'ÉTOILE DU FOU

A force de songer, je suis au bout du songe ;
Mon pas n'avance plus pour le voyage humain,
Aujourd'hui comme hier, hier comme demain,
Rengaine de tourment, d'horreur et de mensonge !

Il me faut voir sans cesse, où que mon regard plonge,
En tous lieux, se dresser la Peur sur mon chemin ;
Satan fausse mes yeux, l'ennui rouille ma main,
Et l'ombre de la Mort devant moi se prolonge.

Reviens donc, bonne étoile, à mon triste horizon.
Unique espoir d'un fou qui pleure sa raison,
Laisse couler sur moi ta lumière placide ;

Luis encore ! et surtout, cher Astre médecin,
Accours me protéger, si jamais dans mon sein
Serpentait l'éclair rouge et noir du Suicide.

LES LUXURES

LES LUXURES

LES ROBES

A Alfred Grévin.

O ma pauvre sagesse, en vain tu te dérobes
Au fluide rôdeur, âcre et mystérieux
Que, pour magnétiser le passant curieux,
L'Inconnu féminin promène sous les robes!

Les robes! où circule et s'est insinuée
La vie épidermique avec tous ses frissons,
Et qui, sur les trottoirs comme entre les buissons,
Passent avec des airs de barque et de nuée!

Elles ont tout : corsage où pleurent les longs voiles,
Jupe où jasent des nids de volants emperlés,
Rubans papillonneurs et boutons ciselés
Qui luisent comme autant de petites étoiles.

Si l'une me dénonce une luxure infâme,
Une autre me révèle un corps qui se défend ;
Et pour mon œil subtil une robe d'enfant
Trahit des ailes d'ange et des rondeurs de femme.

La robe atténuant la pointe ou la courbure
Hallucine déjà mes prunelles de lynx,
Mais je me sens troublé comme en face du Sphinx
Devant le bloc pieux de la robe de bure.

J'aime à les rencontrer partout, vieilles et neuves,
Au bas d'un escalier, au fond d'un corridor ;
J'aime ces longs habits que féminise encor
L'exquise austérité des vierges et des veuves.

Avec cette adhérence intime de l'écorce
Qui calque le contour et le linéament,
Le corsage échancré plaque hermétiquement,
Délicieux maillot d'un admirable torse.

La longue robe errant dans la lumière bleue,
Froide et collante avec sa traîne de velours,
Sur les tapis muets, étouffeurs des pas lourds,
A l'air d'un grand serpent tout debout sur sa queue.

Et par un crépuscule où le vent noir sanglote,
Plus d'une, tout au fond du lointain frissonnant,
Semble raser la terre ainsi qu'un revenant
Tragiquement drapé dans son linceul qui flotte.

J'ai souvent le désir fantastique et morose,
Dans ces bals où le vice allume son coup d'œil,
De voir entrer soudain une robe de deuil,
Comme un brouillard d'ébène au milieu d'un ciel rose.

Mais je contemplerais, à genoux et mains jointes,
Ces corselets d'amour exactement remplis
Où, derrière la gaze aux lumineux replis,
La gorge tentatrice embusque ses deux pointes !

C.

LE SUCCUBE

Toute nue, onduleuse et le torse vibrant,
La fleur des lupanars, des tripots et des bouges
Bouclait nonchalamment ses jarretières rouges
Sur de très longs bas noirs d'un tissu transparent,

Quand soudain sa victime eut ce cri déchirant :
« Je suis dans un brouillard qui bourdonne et qui bouge !
« Mon œil tourne et s'éteint ! où donc es-tu, ma gouge ?
« Viens ! tout mon corps tari te convoite en mourant ! »

A ces mots, la sangsue exulta d'ironie :
« Si tu veux jusqu'au bout râler ton agonie,
« Je t'engage, dit-elle, à ménager ta voix ! »

Et froide, elle accueillit, raillant l'affreux martyre,
Ses suprêmes adieux par un geste narquois
Et son dernier hoquet par un éclat de rire.

LES MARTYRS

L'Horreur et le Dégoût lui bavaient leur poison
Quand la Vieille emmenait sa Manon toute pâle,
Car, un instant après, derrière la cloison,
Il entendait deux voix suffoquer dans un râle.

« Ainsi donc! grinçait-il, le voilà ton destin :
« Jusqu'à ce que la mort t'arrache au dispensaire,
« Tu pourriras ton cœur dans l'ennui libertin
« Et tu vendras ton corps attendu par l'ulcère!

« Et moi, j'irais toujours, sans trêve à mes tourments,
« Cogner ma jalousie à ton peuple d'amants!
« Non! je hais ta jeunesse et je maudis tes charmes! »

— Mais il avait pitié de ses pauvres amours
Quand il voyait entrer par la porte en velours
Une apparition ruisselante de larmes.

LES LÈVRES

A Octave Uzanne.

Depuis que tu m'as quitté,
Je suis hanté par tes lèvres,
Inoubliable beauté !

Dans mes spleens et dans mes fièvres,
A toute heure, je les vois
Avec leurs sourires mièvres ;

Et j'entends encor la voix
Qui s'en échappait si pure
En disant des mots grivois.

Sur l'oreiller de guipure
J'évoque ton incarnat,
Délicieuse coupure !

O muqueuses de grenat,
Depuis que l'autre vous baise,
Je rêve d'assassinat !

Cœur jaloux que rien n'apaise,
Je voudrais le poignarder :
Son existence me pèse!

Oh! que n'ai-je pu garder
Ces lèvres qui dans les larmes
Savaient encor mignarder!

Aujourd'hui, je n'ai plus d'armes
Contre le mauvais destin,
Puisque j'ai perdu leurs charmes!

Quelle ivresse et quel festin
Quand mes lèvres sur les siennes
Buvaient l'amour clandestin!

Où sont tes langueurs anciennes,
Dans ce boudoir qu'embrumait
L'ombre verte des persiennes!

Alors ta bouche humait
En succions convulsives
Ton amant qui se pâmait!

O mes caresses lascives
Sur ses lèvres, sur ses dents
Et jusque sur ses gencives!

Jamais las, toujours ardents,
Nous avions des baisers fauves
Tour à tour mous et mordants.

Souviens-toi de nos alcôves
Au fond des bois, dans les prés,
Sur la mousse et sur les mauves,

Quand des oiseaux diaprés
Volaient à la nuit tombante
Dans les arbres empourprés!

Mon âme est toute flambante
En songeant à nos amours :
C'est ma pensée absorbante!

Et j'en souffrirai toujours :
Car ces lèvres qui me raillent,
Hélas! dans tous mes séjours,

Je les vois qui s'entre-bâillent!

✤

LÈVRES PAMÉES

Les lèvres des femmes pâmées
Ont des sourires qui font peur
Dans la convulsive torpeur
Qui les tient à demi fermées.

Quand leurs plaintes inanimées
S'exhalent comme une vapeur,
Les lèvres des femmes pâmées
Ont des sourires qui font peur.

Le désir qui les a humées
Recule devant leur stupeur,
Et le mystère enveloppeur
Clot dans ses gazes parfumées
Les lèvres des femmes pâmées.

LA BELLE FROMAGÈRE

A Charles Frémine.

Par la rue enfiévrante où mes pas inquiets
Se traînent au soleil comme au gaz, je voyais
    Derrière une affreuse vitrine
Où s'étalaient du beurre et des fromages gras,
Une superbe enfant dont j'admirais les bras
    Et la plantureuse poitrine,

Le fait est que jamais fille ne m'empoigna
Comme elle, et que jamais mon œil fou ne lorgna
    De beauté plus affriolante !
Un nimbe de jeunesse ardente et de santé
Auréolait ce corps frais où la puberté
    Était encore somnolente.

Elle allait portant haut dans l'étroit magasin
Son casque de cheveux plus noirs que le fusain ;
    Et, douce trotteuse en galoches,
Furetait d'un air gai dans les coins et recoins,
Tandis que les bondons jaunes comme des coings
    Se liquéfiaient sous les cloches.

Armés d'un petit fil de laiton, ses doigts vifs
Détaillaient prestement des beurres maladifs
      A des acheteuses blafardes ;
Des beurres, qu'on savait d'un rance capiteux,
Et qui suaient l'horreur dans leurs linges piteux,
      Comme un affamé dans ses hardes.

Quand sa lame entamait Gruyère ou Roquefort,
Je la voyais peser sur elle avec effort,
      Son petit nez frôlant les croûtes,
Et rien n'était mignon comme ses jolis doigts
Découpant le Marolle infect où, par endroits,
      La vermine creusait des routes.

Près de l'humble comptoir où dormaient les gros sous,
Les Géromés vautrés comme des hommes saouls
      Coulaient sur leur clayon de paille,
Mais si nauséabonds, si pourris, si hideux,
Que les mouches battaient des ailes autour d'eux,
      Sans jamais y faire ripaille.

Or, elle respirait à son aise, au milieu
De cette âcre atmosphère où le Roquefort bleu
      Suintait près du Chester exsangue ;
Dans cet ignoble amas de caillés purulents,
Ravie, elle enfonçait ses beaux petits doigts blancs,
      Qu'elle essuyait d'un coup de langue.

— Oh! sa langue! bijou vivant et purpurin
Se pavanant avec un frisson vipérin
      Tout plein de charme et de hantise!
Miraculeux corail humide et velouté
Dont le bout si pointu trouait de volupté
      Ma chair, folle de convoitise!

Donc, cette fromagère exquise, je l'aimais!
Je l'aimais au point d'en rêver le viol! mais,
      Je me disais que ces miasmes,
A la longue, devaient imprégner ce beau corps;
Et le dégoût, comme un mystérieux recors,
      Traquait tous mes enthousiasmes.

Et pourtant, chaque jour, rivés à ses carreaux,
Mes deux yeux la buvaient! en vain les Livarots
      Soufflaient une odeur pestilente,
J'étais là, me grisant de sa vue, et si fou,
Qu'en la voyant les mains dans le fromage mou
      Je la trouvais ensorcelante!

A la fin, son aveu fleurit dans ses rougeurs;
Pour me dire : « Je t'aime, » avec ses yeux songeurs.
      Elle eut tout un petit manège;
Puis elle me sourit; ses jupons moins tombants
Découvrirent un jour des souliers à rubans
      Et des bas blancs comme la neige.

Elle aussi me voulait de tout son être! A moi,
Elle osait envoyer des baisers pleins d'émoi,
    L'emparadisante ingénue,
Si bien, qu'après avoir longuement babillé,
Par un soir de printemps, je la déshabillai
    Et vis sa beauté toute nue!

Sa chevelure alors flotta comme un drapeau,
Et c'est avec des yeux qui me léchaient la peau
    Que la belle me fit l'hommage
De sa chair de seize ans, mûre pour le plaisir!
O saveur! elle était flambante de désir
    Et ne sentait pas le fromage!

LA MARCHANDE D'ÉCREVISSES

Aux portes des cafés où s'attablent les vices,
Elle va tous les soirs offrant des écrevisses
Sur un petit clayon tapissé de persil.
Elle a l'œil en amande orné d'un grand sourcil
Et des cheveux frisés blonds comme de la paille.
Or, ses lèvres en fleur qu'un sourire entre-bâille,
Tentent les carabins qui fument sur les bancs,
Et comme elle a des seins droits, et que, peu tombants,
Ses jupons laissent voir sa jambe ronde et saine,
Chacun d'eux lui chuchote un compliment obscène.

LA BAIGNEUSE

A Clovis Hugues

Au fond d'une baignoire elle admire ses hanches
Dans le miroir mouvant d'un cristal enchanté,
Et les mollets croisés, elle étend ses mains blanches
Sur les bords du bassin qui hume sa beauté.

Les robinets de cuivre à figure de cygne
Ont l'air de lui sourire et de se pavaner,
Et leurs gouttes parfois semblent lui faire un signe
Comme pour la prier de les faire tourner.

Sur un siège, ses bas près de ses jarretières
Conservent la rondeur de leur vivant trésor,
Ses bottines de soie aux cambrures altières
N'attendent que son pied pour frétiller encor.

Sa robe de satin pendue à la patère
A les reflets furtifs d'une peau de serpent
Et semble avoir gardé la grâce et le mystère
De celle dont l'arome en ses plis se répand.

Sur la table où l'on voit bouffer sa collerette,
Telle qu'on la portait au temps de Henri Trois,
Ses gants paille, malgré leur allure distraite,
Obéissent encore au moule de ses doigts.

Sa toque est provocante avec son long panache,
Et son corset qui bâille achève d'énerver.
Colliers et bracelets, tout ce qui la harnache
Luit dans l'ombre et paraît magiquement rêver.

Et tandis qu'un éclair dans ses yeux étincelle
En voyant que son corps fait un si beau dessin,
Le liège qui vacille au bout de la ficelle
Chatouille en tapinois la fraise de son sein.

L'AMOUR

L'Amour est un ange malsain
Qui frémit, sanglote et soupire.
Il est plus moelleux qu'un coussin,
Plus subtil que l'air qu'on respire,
Plus provocant qu'un spadassin.

Chacun cède au mauvais dessein
Que vous chuchote et vous inspire
Le Dieu du meurtre et du larcin,
   L'Amour.

Il voltige comme un essaim.
C'est le prestigieux vampire
Qui nous saigne et qui nous aspire;
Et nul n'arrache de son sein
Ce perfide et cet assassin,
   L'Amour!

LA CHAIR

La chair de femme sèche ou grasse
Est le fruit de la volupté
Tour à tour vert, mûr et gâté
Que le désir cueille ou ramasse.

Mystérieuse dans sa grâce,
Exquise dans son âcreté,
La chair de femme sèche ou grasse
Est le fruit de la volupté.

Pas un seul homme ne s'en lasse.
Chacun avec avidité
Y mordrait pour l'éternité.
Et pourtant, c'est un feu qui passe,
La chair de femme sèche ou grasse !

DE LA MÊME A LA MÊME

Le souvenir d'un rêve à chaque instant m'arrive
Comme un remords subtil à la fois âcre et cher,
Et pour me soulager il faut que je t'écrive
Le redoutable aveu qui fait frémir ma chair :

Sur les bords d'un lac pur où se baignaient des Anges,
Dans un paradis vert plein d'arbres qui chantaient
Des airs mystérieux sur des rythmes étranges,
Je regardais le ciel où mes soupirs montaient.

Les aromes des fleurs s'exhalant par bouffées,
Le mutisme du lac et les voix étouffées
Des sylphides nageant près des séraphins nus,

Tout me criait : « L'amour à la fin t'a conquise ! »
Soudain, mon cœur sentit des frissons inconnus,
Et tout mon corps s'emplit d'une douleur exquise ! —

LES DRAPEAUX

A Joseph Uzanne.

Les chevelures des amantes
Sont de luxurieux drapeaux
Toujours flottants, toujours dispos
Pour célébrer les chairs pâmantes.

Pas de résilles endormantes !
Ni diadèmes, ni chapeaux !
Les chevelures des amantes
Sont de luxurieux drapeaux

Et quand les nudités fumantes
Se confondent, souffles et peaux,
La Volupté tord sans repos
Et convulse dans ses tourmentes
Les chevelures des amantes.

LES VISIONS ROSES

Corolles et boutons de roses,
La fraise et la mousse des bois
Mettent le désir aux abois
Au fond des cœurs les plus moroses!

Qui rappelle certaines choses
Aux bons vieux galants d'autrefois?
Corolles et boutons de roses,
La fraise et la mousse des bois.

— Je revois tes chairs toutes roses,
Les dards aigus de tes seins froids,
Et puis tes lèvres! quand je vois
Dans leurs si langoureuses poses
Corolles et boutons de roses! —

JALOUSIE FÉLINE

A André Slom.

Cependant que juché sur l'un des hauts divans
Le chat jaune poussait de ronronnantes plaintes,
Dans un boudoir gorgé de parfums énervants,

Je veillais la très chère à genoux et mains jointes,
Et mon baiser rôdeur, papillon de ses seins,
Effleurait leurs contours et vibrait à leurs pointes.

Vierges des nourrissons, vampires assassins,
Ils étaient froids et durs comme des pommes vertes
Et plus blancs que le cygne errant sur les bassins.

Voluptueusement elle dormait, et certes,
Jamais femme n'aura, pour mordiller l'amant,
Les dents que laissaient voir ses lèvres entr'ouvertes.

Très blanche, comme pour un enlinceulement,
Sa robe la couvrait d'un brouillard de guipure,
En sorte que les seins étaient nus seulement.

Et les reflets de l'âtre en livide jaspure
Rampaient sur le divan d'où le chat regardait
Cette gorge d'amour aussi belle qu'impure.

Même dans le sommeil profond elle gardait
Sa morgue! et telle était sa magique attirance
Qu'irrésistiblement tout mon être y tendait.

Voilà pourquoi je vis avec indifférence
L'œil toujours si câlin du gigantesque chat
Se charger tout à coup de haine et de souffrance

O langueur criminelle indigne de rachat!
Je ne pris nulle garde à la jalouse bête,
Quand il aurait fallu que ma main l'écorchât!

En vain, il se tordait les yeux hors de la tête,
En vain, il écumait fou de rage, en grinçant
Comme une girouette au fort de la tempête;

Je fus aveugle et sourd pour lui! tout languissant
D'amour et de sommeil, j'accrochais mon extase
A ces deux bouts de seins plus rouges que du sang.

Et je bâillais, râlant je ne sais quelle phrase,
Lorsque soudain je vis le chat jaune vers nous
Ramper lentement comme un crapaud dans la vase.

Oh! ces poils hérissés! ces miaulements fous!
— Mais la chambre devint ténébreuse et mouvante,
Puis, plus rien! et je dus m'endormir à genoux.

Et la paix du cercueil hantait ma chair vivante
Lorsque je fus tiré de ce fatal sommeil
Par un cri surhumain d'horreur et d'épouvante!

Oh! maudite la lune et maudit le soleil!
Que sous l'hômme à jamais la terre se dérobe!
Pourquoi donc pas la mort, plutôt que ce réveil!

— Là, hurlant de douleur, pâle dans une robe
De pourpre, ensanglantant la neige des coussins,
Rachel se débattait sous la bête hydrophobe

Qui miaulait en lui déchiquetant les seins!

LA CHANSON DES YEUX

J'aime les yeux d'azur qui, tout pailletés d'or,
    Ont une lueur bleue et blonde,
Tes yeux câlins et clairs où le rêve s'endort,
    Tes grands yeux bougeurs comme l'onde.

Jusque dans leurs regards savants et nuancés,
    Si doux qu'ils te font deux fois femme.
Ils reflètent le vol de tes moindres pensers
    Et sont les vitres de ton âme.

Dans la rue on subit leur charme ensorceleur;
    Ils étonnent sur ton passage,
Car ils sont plus jolis et plus fleurs que la fleur
    Que tu piques à ton corsage.

Oui, tes yeux sont si frais sous ton large sourcil,
    Qu'en les voyant on se demande
S'ils n'ont pas un arome harmonieux aussi,
    Tes longs yeux fendus en amande.

Dans le monde on les voit pleins de morosité,
    Ils sont distraits ou sardoniques
Et n'ont pour me parler amour et volupté
    Que des œillades platoniques;

Mais, tout seuls avec moi sous les rideaux tremblants,
    Ils me font te demander grâce,
Et j'aspire, enlacé par tes petits bras blancs,
    Ce qu'ils me disent à voix basse.

LES YEUX DES VIERGES

A Achille Melandri.

Ce qui luit dans les yeux des vierges
C'est un songe vague et tremblant,
Un songe végétal et blanc
Comme le nénuphar des berges.

Tant que l'Amour, dans ses auberges,
Ne leur sert que du vin troublant,
Ce qui luit dans les yeux des vierges
C'est un songe vague et tremblant.

Mais du jour où tu les héberges,
O Plaisir, hôtelier brûlant,
Ton souffle humide, âcre et dolent
Éteint, comme on éteint des cierges,
Ce qui luit dans les yeux des vierges !

VIERGE DAMNÉE

Il m'a déshabillée avec ses chauds regards,
Et j'ai senti crouler tout mon rempart de linge,
Lorsque ses yeux si clairs sur les miens si hagards
Versaient l'amour de l'homme et l'impudeur du singe.

Ses regards me disaient : « Que ta virginité
« Frissonne de terreur et s'apprête au martyre ;
« Je suis le chuchoteur de la perversité,
« Et mon aspect corrompt, comme le gouffre attire.

« Ma passion qui rôde autour de tes cheveux
« T'insuffle mes désirs et pompe tes aveux :
« Donc, c'est fatal ! Il faut qu'un jour je te possède. »

Horreur ! il a dit vrai : tout mon corps haletant
Obéit d'heure en heure au charme qui l'obsède,
Et je vais, cette nuit, me donner à Satan.

LA RELIQUE

A Michel Menard.

Avant son mariage, — ô souffrance mortelle! —
Elle me la donna sa chemise en dentelle,
    Celle qu'elle avait le doux soir
Où, cédant à mes pleurs qui lui disaient : « Viens, Berthe! »
Près de moi haletant sur la couche entr'ouverte,
    Frémissante, elle vint s'asseoir.

Ce linge immaculé qu'embaumait son corps vierge,
Quand elle vint me faire, aussi pâle qu'un cierge,
    Ses chers adieux si redoutés,
Elle me le tendit d'un air mélancolique
En soupirant : « Voici la suprême relique
    De nos défuntes voluptés.

« Je te la donne, ami, ma chemise brodée :
Car, la première fois que tu m'as possédée,
    Je la portais, t'en souviens-tu?
Elle seule a connu les brûlantes ivresses
Que ta voix musicale et pleine de caresses
    Faisait courir dans ma vertu.

« Elle seule entendit les aveux réciproques
Que, jour et nuit, mes seins, dans leurs gentils colloques,
  Échangeaient tout bas en tremblant ;
Elle seule a pu voir comme une vierge flambe
Quand le genou d'un homme ose effleurer sa jambe
  Qui tressaille dans son bas blanc.

« Dès l'heure où sur mon cou frémit ta lèvre ardente,
Tout mon corps anxieux a pris pour confidente
  Cette chemise en tulle fin ;
Et ses sensations aussi neuves qu'impures,
Voluptueusement, dans le flot des guipures,
  Ont dit qu'il se donnait enfin.

« Conserve-la toujours ! Qu'elle soit pour ton âme
La chair mystérieuse et vague de la femme
  Qui te voue un culte éternel ;
Qu'elle soit l'oreiller de tes regrets moroses ;
Quand tu la baiseras, songe aux nudités roses
  Qui furent ton festin charnel !

« Que les parfums ambrés de ma peau qui l'imprègnent,
Pour l'odorat subtil de tes rêves, y règnent
  Candides et luxurieux !
Qu'elle garde à jamais l'empreinte de mes formes :
J'ai dit à mon amour : « J'exige que tu dormes
  « Entre ses plis mystérieux. »

« Les chaleurs, les frissons de ma chair en alarmes,
Quand ma virginité rouge et buvant ses larmes
    Te fuyait comme un assassin,
Ce que j'ai ressenti de bonheur et de crainte
Quand tu m'as attirée et que tu m'as étreinte
    En collant ta bouche à mon sein :

« Elle t'apprendra tout ! Dans ses muettes odes,
Elle rappellera d'amoureux épisodes
    A ton hallucination ;
Et ton rêve, y trouvant mes bien-aimés vestiges,
Bénira, l'aile ouverte au milieu des vertiges,
    Sa chère fascination.

« Adieu ! » — J'ai conservé la mignonne chemise.
Je l'exhume parfois du coffre où je l'ai mise,
    Et je la baise avec ferveur ;
Et mon rêve est si chaud, qu'en elle il fait revivre
Ce corps si capiteux dont je suis encore ivre,
    Car il m'en reste la saveur.

Alors, je la revois dans un nimbe de gloire,
La sirène aux pieds blancs comme du jeune ivoire,
    Mon ancienne adoration,
Qui, moderne païenne, ingénue et lascive,
Allumait d'un regard dans mon âme pensive
    Des fournaises de passion.

Son corps de Grecque, ayant l'ardeur de la Créole,
Tour à tour délirant et plein de langueur molle,
      Toujours affamé de plaisir,
Et qui, reptile humain, se tordait dans l'alcôve,
Bouillant d'une hystérie irrésistible et fauve
      Pour éterniser mon désir ;

Sa bouche de corail, humide et parfumée,
Ses petits pieds d'enfant, ses deux jambes d'almée,
      Sa chevelure aux flots houleux,
Sa gorge aiguë et ferme, et ses robustes hanches,
Ses secrètes beautés purpurines et blanches.
      Ses yeux immenses, noirs et bleus ;

Tous ces mille rayons d'une chair si féline
Embrasent ma chair froide et toujours orpheline
      Depuis que l'amour m'a quitté ;
Et lui criant : « Ma Berthe ! enlaçons-nous sans trêve ! »
Je la possède encor dans l'extase du rêve
      Comme dans la réalité !

LES SEINS

J'ai fait ces vers subtils, polis comme des bagues,
Pour immortaliser la gloire de tes seins
Que mon houleux désir bat toujours de ses vagues.

Qu'ils y fleurissent donc éternellement sains,
Et que dans la roideur fière des pics de glace
Ils narguent à jamais les siècles assassins !

Sur ta chemise, enfant, mon œil baise la place
Qu'use le frottement de leurs boutons rosés,
Et voilà que déjà le vertige m'enlace.

Si j'osais ! Tu souris, semblant me dire : « Osez !
« Mes seins voluptueux sont friands de vos lèvres
« Et de larmes d'amour veulent être arrosés. »

Et pour m'indemniser des nuits où tu m'en sèvres,
Tu ne les caches plus que sous tes noirs cheveux
Drus comme les buissons que mordillent les chèvres.

Ivresse ! Ils sont alors à moi tant que je veux :
Car mes doigts chatouilleurs ont des caresses lentes
S'entrecoupant d'arrêts et de frissons nerveux.

Et quand vibrent sur vous mes lèvres harcelantes,
Libellules d'amour dont vous êtes les fleurs,
Votre incarnat rougit, pointes ensorcelantes !

Rubis des seins, vous en rehaussez les pâleurs
Et vous vous aiguisez, jusqu'à piquer ma joue
Comme le bec lutin des oiselets siffleurs.

Et tu frémis avec une adorable moue
Tandis qu'au cliquetis de tes bracelets d'or
Ta main dans ma crinière indomptable se joue !

En vain la bise hurle au fond du corridor,
Tu souris de langueur sur le sopha d'ébène
Devant l'âtre paisible où la flamme s'endort.

Moi, je brûle affolé, je me contiens à peine ;
Et pourtant mon désir qui rampe à tes genoux
Sait que sa patience a toujours bonne aubaine.

Mais tu laisses tomber ton provocant burnous,
Et, moderne houri des paradis arabes,
Tu bondis toute nue en criant : « Aimons-nous ! »

LES SEINS.

Oh! comme nous râlons ces magiques syllabes,
Dans la chère seconde où, pour mieux s'enlacer,
Nos jambes et nos bras sont des pinces de crabes

Ma convoitise enfin peut donc se harasser!
Pas un coin de ton corps où mes lèvres ne paissent
Tu me bois, je t'aspire! et, pour me délasser,

J'admire tes beaux seins qui s'enflent et s'abaissent.

LE CAUCHEMAR D'UN ASCÈTE

La vipère se tint debout sur ma savate,
Me fascina, fondit sur moi du premier coup,
Et se laissant glisser de ma tête à mon cou,
Me fit une onduleuse et sifflante cravate.

Puis elle déroula ses longs anneaux; et fou,
Tout mon corps, possédé du monstre à tête plate,
Ressentit au milieu d'une brume écarlate
La froide ubiquité d'un enlacement mou.

Mais voilà que la bête, humectant son œil louche,
Prit des seins, des cheveux, des membres, une bouche,
Et resserra ses nœuds d'un air passionné :

« Oh! redeviens serpent! hurlai-je, horrible dame,
« J'aime mieux, si je dois mourir empoisonné,
« Cent morsures d'aspic qu'un seul baiser de femme! »

LA TORTURE

Mon crâne est un fourneau d'où la flamme déborde :
Martyre opiniâtre et lent comme un remords !
Et je sens dans mes os l'épouvantable horde
Des névroses de feu qui galopent sans mors.

Comme un vaisseau brisé, sans espoir qu'il aborde,
Mon cœur va s'enfonçant dans le gouffre des morts,
Loin du passé qui raille et que le regret borde ;
Et je grince en serrant mes deux poings que je mords !

Je prends un pistolet. Horreur ! ma main le lâche,
Et la peur du néant rend mon âme si lâche,
Que pour me sentir vivre, — oh ! l'immortalité !

Je me livre en pâture aux ventouses des filles !
Mais, raffinant alors sa tortuosité,
La Fièvre tourne en moi ses plus creusantes vrille

A LA CIRCÉ MODERNE

Puisqu'un irrésistible appeau
Attire à toi toute mon âme,
Et que toute ma chair proclame
Le magnétisme de ta peau :
Irrite, mais sans le proscrire,
Le désir qui me ronge, et puis
Viens emparadiser mes nuits,
Ensorceleuse au froid sourire.

Aux bruits mouillés, tendres et fous
De nos baisers démoniaques,
Comme deux serpents maniaques
Dans le mystère enlaçons-nous !
Chère onduleuse, mauvais ange,
Abeille de la volupté,
Donne-moi ton corps enchanté
Et reçois mon âme en échange !

A LA CIRCÉ MODERNE.

Mon désir s'enroule et se tord
Autour de ton beau corps de marbre,
— Ainsi le lierre autour de l'arbre —
Horrible et doux, il rampe et mord.
Tes grands yeux caves et funèbres
Sont si libertins quand tu veux,
Et j'aspire dans les cheveux
Tant de parfums et de ténèbres !

Moderne Circé, tes poisons
Auraient perdu le cœur d'Ulysse ;
Harcèle-moi de ta malice,
Salis-moi de tes trahisons !
Insulte-moi ! mais, ma maîtresse,
Laisse-moi repaître ma faim,
Dussé-je mourir à la fin,
Empoisonné par ta caresse !

O.

LA MARIÉE

La mariée est toute pâle,
Aussi pâle que son bouquet,
Lorsque la danse et le banquet
Ont cessé dans la grande salle.

Le père sourit d'un air mâle,
Et la mère a l'œil inquiet.
La mariée est toute pâle,
Aussi pâle que son bouquet.

— Plainte exquise, harmonieux râle,
Interminable et doux hoquet ! —
Aussi, quand le matin coquet
Montre sa rose et son opale,
La mariée est toute pâle.

LE CHAT

A Léon Cladel.

Je comprends que le chat ait frappé Baudelaire
Par son être magique où s'incarne le sphinx ;
Par le charme câlin de la lueur si claire
Qui s'échappe à longs jets de ses deux yeux de lynx,
Je comprends que le chat ait frappé Baudelaire.

Femme, serpent, colombe et singe par la grâce,
Il ondule, se cambre et regimbe aux doigts lourds ;
Et lorsque sa fourrure abrite une chair grasse,
C'est la beauté plastique en robe de velours :
Femme, serpent, colombe et singe par la grâce,

Vivant dans la pénombre et le silence austère
Où ronfle son ennui comme un poêle enchanté,
Sa compagnie apporte à l'homme solitaire
Le baume consolant de la mysticité
Vivant dans la pénombre et le silence austère.

Tour à tour triste et gai, somnolent et folâtre,
C'est bien l'âme du gîte où je me tiens sous clé ;
De la table à l'armoire et du fauteuil à l'âtre,
Il vague, sans salir l'objet qu'il a frôlé,
Tour à tour triste et gai, somnolent et folâtre.

Sur le bureau couvert de taches d'encre bleue
Où livres et cahiers gisent ouverts ou clos,
Il passe comme un souffle, effleurant de sa queue
La feuille où ma pensée allume ses falots,
Sur le bureau couvert de taches d'encre bleue.

Quand il mouille sa patte avec sa langue rose
Pour lustrer son poitrail et son minois si doux,
Il me cligne de l'œil en faisant une pause,
Et je voudrais toujours l'avoir sur mes genoux
Quand il mouille sa patte avec sa langue rose.

Accroupi chaudement aux temps noirs de décembre
Devant le feu qui flambe, ardent comme un enfer,
Pense-t-il aux souris dont il purge ma chambre
Avec ses crocs de nacre et ses ongles de fer ?
Non ! assis devant l'âtre aux temps noirs de décembre,

Entre les vieux chenets qui figurent deux nonnes
A la face bizarre, aux tétons monstrueux,
Il songe à l'angora, mignonne des mignonnes,
Qu'il voudrait bien avoir, le beau voluptueux,
Entre les vieux chenets qui figurent deux nonnes.

LE CHAT.

Il se dit que l'été, par les bons clairs de lune,
Il possédait sa chatte aux membres si velus ;
Et qu'aujourd'hui, pendant la saison froide et brune,
Il doit pleurer l'amour qui ne renaîtra plus
Que le prochain été, par les bons clairs de lune.

Sa luxure s'aiguise aux râles de l'alcôve,
Et quand nous en sortons encor pleins de désir,
Il nous jette un regard jaloux et presque fauve
Car tandis que nos corps s'enivrent de plaisir,
Sa luxure s'aiguise aux râles de l'alcôve.

Quand il bondit enfin sur la couche entr'ouverte,
Comme pour y cueillir un brin de volupté,
La passion reluit dans sa prunelle verte :
Il est beau de mollesse et de lubricité
Quand il bondit enfin sur la couche entr'ouverte.

Pour humer les parfums qu'y laisse mon amante,
Dans le creux où son corps a frémi dans mes bras,
Il se roule en pelote, et sa tête charmante
Tourne de droite à gauche en flairant les deux draps,
Pour humer les parfums qu'y laisse mon amante.

Alors il se pourlèche, il ronronne et miaule,
Et quand il s'est grisé de la senteur d'amour,
Il s'étire en bâillant avec un air si drôle,
Que l'on dirait qu'il va se pâmer à son tour ;
Alors il se pourlèche, il ronronne et miaule.

Son passé ressuscite, il revoit ses gouttières
Où, matou lovelace et toujours triomphant,
Il s'amuse à courir pendant des nuits entières
Les chattes qu'il enjôle avec ses cris d'enfant :
Son passé ressuscite, il revoit ses gouttières.

Panthère du foyer, tigre en miniature,
Tu me plais par ton vague et ton aménité,
Et je suis ton ami, car nulle créature
N'a compris mieux que toi ma sombre étrangeté,
Panthère du foyer, tigre en miniature.

A L'INSENSIBLE

Es-tu femme ou statue? Hélas! j'ai beau m'user
Par les raffinements inouïs que j'invente
Pour forcer ta chair morte à devenir vivante;
J'ai beau me convulser sur ta gorge énervante,
Tu n'as jamais senti la luxure savante
      De mon baiser.

Ainsi donc, comme un plomb sur la peau du jaguar,
Ma passion sur toi glisse, et mes pleurs eux-mêmes
Coulent sans t'émouvoir le long de tes mains blêmes;
Et quand je te supplie à genoux que tu m'aimes,
Je reste épouvanté par les froideurs suprêmes
      De ton regard!

Rampant comme un aspic, fidèle comme un chien,
Je laisse piétiner mon cœur sous ta babouche;
Devant l'inconscient sarcasme de ta bouche,
Je fléchis mon honneur et ma fierté farouche;
Je me calcine en vain dans l'enfer de la couche,
      O rage! — Eh bien,

Puisque sur ton flanc nu l'amour me fait beugler,
Sans que jamais sur toi ma convoitise morde ;
Puisque toujours passive et sans miséricorde,
Tu veux qu'en tes bras morts et glacés je me torde,
Ce soir, de tes cheveux, je vais faire une corde
   Pour t'étrangler !

LES DEUX SERPENTS

A Fernand Icres.

Fuis la femme, crains la vipère,
En tous lieux, en toute saison,
Et prends garde à leur trahison,
Même à l'heure où ton âme espère !

Ces deux serpents-là font la paire :
L'Amour est jumeau du Poison.
Fuis la femme, crains la vipère,
En tous lieux, en toute saison !

Avec le soupçon pour compère,
Avec la Mort pour horizon,
Cours la Vie ! et que la Raison
Soit toujours ton point de repère !
Fuis la femme, crains la vipère !

LES DEUX POITRINAIRES

La brise en soupirant caresse l'herbe haute.
Tous les deux, bouche ouverte, ils marchent côte à côte,
  Dos voûté, cou fluet;
Près d'une haie en fleurs où l'ébène des mûres
Luit dans le fouillis vert des mignonnes ramures.
  Ils vont, couple muet.

Ils ont la face blanche et les pommettes rouges;
Comme les débauchés qui vivent dans les bouges
  On les voit chanceler.
Leur œil vaguement clair dans un cercle de bistre
A cette fixité nonchalante et sinistre
  Qui vous fait reculer.

Ils ont une toux sèche, aiguë, intermittente.
Elle, après chaque accès, est toute palpitante,
  Et lui, crache du sang!
Et l'on flaire la mort à ces poignants symptômes,
Et l'aspect douloureux de ces vivants fantômes
  Opprime le passant.

Ils se serrent les mains dans une longue étreinte
Avec le tremblement de la pudeur contrainte
    Se choquant au désir,
Et pour mieux savourer l'amour qui les enfièvre,
L'une à l'autre parfois se colle chaque lèvre,
    Folles de se saisir.

Autour d'eux tout s'éveille et songe à se refaire.
Homme et bête à plein souffle aspirent l'atmosphère,
    Rajeunis et contents.
Tout germe et refleurit; eux, ils sont chlorotiques;
Tout court; et chaque pas de ces pauvres étiques
    Les rend tout haletants.

Eux seuls font mal à voir, les amants poitrinaires
Avec leurs regards blancs comme des luminaires,
    Et leur maigre longueur;
Je ne sais quoi de froid, d'étrange et de torpide
Sort de ce couple errant, hagard, presque stupide
    A force de langueur.

Et pourtant il leur faut l'amour et ses morsures!
Dépravés par un mal, aiguillon des luxures,
    Ils avancent leur mort;
Et le suprême élan de leur force brisée
S'acharne à prolonger dans leur chair épuisée
    Le frisson qui les tord.

Se posséder! Pour eux que la tristesse inonde,
C'est l'oubli des douleurs pendant une seconde,
    C'est l'opium d'amour!
Ils se sentent mourir avec béatitude
Dans ce spasme sans nom dont ils ont l'habitude,
    Jour et nuit, nuit et jour!

Ensemble ils ont passé par les phases funèbres
Où les nœuds acérés de leurs frêles vertèbres
    Leur ont crevé la peau;
Ensemble ils ont grincé de la même torture :
Donc, ils veulent payer ensemble à la nature
    L'inévitable impôt.

Et le gazon muet, quoique plein d'ironies,
Va voir l'accouplement de ces deux agonies
    Naître et se consommer;
Et les profonds échos répéteront les râles
De ces deux moribonds dont les lèvres si pâles
    Revivent pour aimer!

LA DERNIERE NUIT

Or, ce fut par un soir plein d'un funèbre charme,
Qu'après avoir suivi des chemins hasardeux
Ils s'assirent enfin dans un vallon hideux
Où maint reptile errant commençait son vacarme.

Et tandis que l'orfraie avec son cri d'alarme
Clapotait lourdement dans un vol anxieux,
Sous la compassion sidérale des cieux
Ils gémirent longtemps sans verser une larme

Tout à coup, le buisson les vit avec stupeur
Unir dans un baiser leurs lèvres violettes
Ricanant à la fois de tendresse et de peur.

Et puis, les deux amants joignirent leurs squelettes,
Crispèrent leur étreinte en ne faisant plus qu'un
Et moururent ensemble au bord du fossé brun.

LE MAGASIN DE SUICIDES

— « Nous avons l'arme à feu, le rasoir très coupant,
La foudre à bon marché, l'asphyxiant chimique
(Et l'on a, je vous jure, une étrange mimique
Quand on s'est mis au cou cette corde qui pend !),

« Les poisons de la fleur, de l'herbe et du serpent,
Le curare indien, la mouche anatomique,
Le perfide nectar au suc de noix vomique
Qui fait qu'on se tortille et qu'on meurt en rampant.

« Tous ces engins de mort et d'autres que je passe,
Nous les garantissons ! Mais, dit-il à voix basse,
Bien qu'ils soient aujourd'hui d'un emploi consacré,

« Il en est encore un, le meilleur et le pire,
Que vous enseigneront pour un prix modéré
Mademoiselle Pieuvre et madame Vampire. »

LE MAUVAIS MORT

Au chevalier de Crollalanza.

Viande, sourcils, cheveux, ma bière et mon linceul,
La tombe a tout mangé : sa besogne est finie ;
Et dans mon souterrain je vieillis seul à seul
Avec l'affreux silence et la froide insomnie.

Mon crâne a constaté sa diminution,
Et, résidu de mort qui s'écaille et s'émiette,
J'en viens à regretter la putréfaction
Et le temps où le ver n'était pas à la diète.

Mais l'oubli passe en vain la lime et le rabot
Sur mon débris terreux de plus en plus nabot :
La chair de femme est là, frôleuse et tracassière !

Pour des accouplements fourbes et scélérats
Le désir ouvre encor ce qui fut mes deux bras,
Et ma lubricité survit à ma poussière.

LE MENSONGE

Croyant que je l'aimais avec idolâtrie,
Elle avait dépouillé tout ce qui la couvrait :
Comme un soleil couchant, la Pudeur colorait
Le nuage laiteux dont elle était pétrie.

Et tandis que son geste affolé m'implorait
Et que ses yeux profonds mouillaient leur songerie,
La Vérité mettait sur sa bouche fleurie
Le soupirant aveu de son désir secret.

Mais mon hypocrisie ardemment calculée
Mentait par tout mon être à cette Immaculée :
Car, évoquant alors un vertige ancien,

De l'air d'un faux dévot qui dit sa patenôtre,
Je râlais un prénom qui n'était pas le sien
Et dans sa nudité j'en incarnais une autre.

OMBRES VISITEUSES

A Edmond Haraucourt.

O mains d'ambre rosé, mains de plume et d'ouate
Où tremble autant d'esprit que sur la lèvre moite,
    Et de rêve que dans l'œil bleu !
O mignonnettes mains, menottes à fossettes
Qui servent à l'amour de petites pincettes
    Pour tisonner ma chair en feu ;

O petits pieds qui vont comme le zéphyr passe,
En laissant derrière eux le frisson de la grâce
    Et le sillage du désir ;
O jarretière noire à la boucle argentée,
Diadème lascif d'une jambe sculptée
    Pour les étreintes du plaisir ;

O seins, poires de chair, dures et savoureuses,
Monts blancs où vont brouter mes caresses fiévreuses,
    Cheveux d'or auxquels je me pends ;
Ventre pâle où je lis un poème de spasmes,
Cuisse de marbre ardent où mes enthousiasmes
    S'enroulent comme des serpents :

C'est vous que je revois, ombres voluptueuses,
Dans mes instants bénis d'extases onctueuses
      Et de rêves épanouis;
Émergeant du brouillard nacré des mousselines,
Vous flottez devant moi, parlantes et câlines,
      Pleines de parfums inouïs!

LA BÊTE

En amour, l'homme est la souris
Pour qui toute femme est la chatte.
Le sot ne voit pas l'ongle gris
Sous le doux velours de la patte.

Il pompe, le pauvre imprudent,
La chère moiteur qui l'arrose,
Sans songer qu'une horrible dent
Est derrière la langue rose.

Je vous le dis en vérité,
Savant, philosophe, poète :
On s'emplit d'animalité
En se frottant à cette bête.

La femme sur qui les soupçons
Aiguisent leur âpre souffrance,
N'est qu'un abîme de frissons
Où s'engloutit notre espérance.

Depuis l'orteil jusqu'aux cheveux,
Toute femme est une Aspasie,
Disant : « Moi, l'amour que je veux,
« C'est un amour de fantaisie.

« J'ai toujours un nouveau désir
« Dans mes veilles et dans mes sommes ;
« Je suis la mouche du plaisir
« Papillonnant d'hommes en hommes ;

« Le mâle que j'ai convoité,
« Je l'aime, jusqu'à concurrence
« D'une ou deux nuits de volupté,
« Et puis mon amour devient rance.

« J'a dans le crâne un réservoir
« De larmes, filles du caprice ;
« Pour bien manier le mouchoir,
« Je n'ai pas besoin d'être actrice.

« Ma poitrine est un arsenal
« Où pendent cris, soupirs et plaintes,
« Si bien doublés d'art infernal,
« Qu'on s'englue à mes douleurs feintes. »

— Ainsi le sexe féminin
Se dessine dans ma pensée :
Magique, doucereux, bénin,
Le cœur sec et l'âme glacée.

LA VENTOUSE

La Ventouse bâille et sourit,
Toujours neuve et toujours masquée
Pour notre œil fou, sage ou contrit;
Corolle aspireuse, et braquée
Sur notre sang qui la fleurit.

Elle nous tente et nous flétrit
De son haleine âcre et musquée,
Puis, bientôt, elle nous tarit,
      La Ventouse.

Jusqu'au fin fond de notre esprit
Sa succion est pratiquée :
La Mort, beaucoup moins compliquée,
Mange nos corps qu'elle pourrit;
Mais c'est tout l'homme qui nourrit
      La Ventouse !

LES REFUGES

LES REFUGES

LE CŒUR GUERI

CHANT ROYAL

Celle que j'aime est une enchanteresse
Au front pudique, aux longs cheveux châtains ;
Compagne et sœur, ma muse et ma maîtresse,
Elle ravit mes soirs et mes matins.
Svelte beauté, sensitive jolie,
Elle a l'œil tendre et la taille qui plie ;
Moi, le suiveur des funèbres convois,
J'ai frémi d'aise au doux son de sa voix,
Et maintenant que l'amour m'électrise,
Toujours, partout, je l'entends, je la vois ;
Mon pauvre cœur enfin se cicatrise.

Geste pensif et qui vous intéresse,
Bouche d'enfant sans rires enfantins,
Étrangeté jusque dans la caresse,
Regards profonds, veloutés et lointains,
Joue inquiète et quelquefois pâlie
Par la souffrance et la mélancolie,
Tête française avec un air suédois,
Pied de gazelle, et jolis petits doigts
Par qui toujours la musique est comprise :
Aussi, je l'aime autant que je le dois,
Mon pauvre cœur enfin se cicatrise.

Elle a comblé mon esprit d'allégresse.
Purifié mon art et mes instincts,
Et maintenant, mon âme qui progresse
Plane au-dessus des rêves libertins.
Je suis calmé, je suis chaste; j'oublie
Ce que je fus! ma chair est ennoblie;
Je ne suis plus le poète aux abois
Qui frissonnait d'horreur au fond des bois,
J'aime la nuit, qu'elle soit noire ou grise,
Et, bénissant le philtre que je bois,
Mon pauvre cœur enfin se cicatrise.

La destinée, hélas! est bien traîtresse,
Mais je souris quand même à mes destins,
Car, dès ce jour, au lieu de ma détresse,
J'ai la saveur des mystiques festins.

LE CŒUR GUERI

Tout à l'amour qui désormais nous lie,
Avec l'espoir je me réconcilie ;
En vain l'ennui me guette en tapinois,
Je ne crains plus cet ennemi sournois :
Le bouclier contre qui tout se brise,
Je l'ai, pour vaincre au milieu des tournois !
Mon pauvre cœur enfin se cicatrise.

Je ne redoute aucun danger, serait-ce
L'Enfer lui-même ! à mes défis hautains
Satan se tait ! l'embûche qu'il me dresse
Je la découvre, et marche à pas certains.
Ma volonté germe et se multiplie ;
Les rêves bleus dont ma tête est remplie
Chassent au loin mes spleens et mes effrois
Pour me parler du Ciel à qui je crois,
Et je pardonne à ceux que je méprise,
Comme le Christ en mourant sur la croix ;
Mon pauvre cœur enfin se cicatrise.

ENVOI.

A toi ces vers dont l'Amour a fait choix
Tu voudras bien les lire quelquefois ?
Reine aux doux yeux dont mon âme est éprise,
Tu m'as rendu le plus heureux des rois !
Mon pauvre cœur enfin se cicatrise.

BALLADE DE L'ARC-EN-CIEL

A François Captier

La végétation, les marais et le sol
Ont fini d'éponger les larmes de la pluie ;
L'insecte reparaît, l'oiseau reprend son vol
Vers l'arbre échevelé que le zéphyr essuie,
Et l'horizon lointain perd sa couleur de suie.
Lors, voici qu'enjambant tout le coteau rouillé,
Irisant l'étang morne et le roc ennuyé,
S'arrondit au milieu d'un clair-obscur étrange
Le grand fer à cheval du firmament mouillé,
Bleu, rouge, indigo, vert, violet, jaune, orange.

Les champignons pointus gonflent leur parasol
Qui semble regretter l'averse évanouie ;
Le grillon chante en *ut* et la rainette en *sol;*
Et mêlant à leur voix sa stupeur inouïe,
Le soir laisse rêver la terre épanouie.
Puis, sous l'arche de pont du ciel émerveillé
Un troupeau de brouillards passe tout effrayé ;
Le donjon se recule et de vapeur se frange,
Et le soleil vaincu meurt lentement noyé,
Bleu, rouge, indigo, vert, violet, jaune, orange.

Tandis que dans l'air pur grisant comme l'alcool
Montent l'âcre fraîcheur de la mare bleuie
Et les hennissements des poulains sans licol,
Le suprême sanglot de la lumière enfuie
Va s'exhaler au fond de la nue éblouie ;
Et sur l'eau que le saule a l'air de supplier,
Du cerisier sanglant à l'ocreux peuplier,
Dans une paix mystique et que rien ne dérange,
On voit s'effacer l'arc impossible à plier
Bleu, rouge, indigo, vert, violet, jaune, orange.

ENVOI.

O toi, le cœur sur qui mon cœur s'est appuyé
Dans l'orage du sort qui m'a terrifié,
Quand tu m'es apparue en rêve comme un ange
Devant mes yeux chagrins l'arc-en-ciel a brillé,
Bleu, rouge, indigo, vert, violet, jaune, orange.

L'ALLÉE DE PEUPLIERS

A Leconte de Lisle.

C'était l'heure du rêve et de l'effacement :
Tout, dans la nuit, allait se perdre et se dissoudre ;
Et, d'échos en échos, les rumeurs de la foudre
Traînaient dans l'air livide un sourd prolongement.

Pendue au bord des cieux pleins d'ombres et d'alarmes,
Et si bas qu'un coteau semblait les effleurer,
La pluie, ainsi qu'un œil qui ne peut pas pleurer,
Amassait lentement la source de ses larmes.

Et, comme un souffle errant de brasier refroidi,
Dans le val qui prenait une étrange figure,
Un vent tiède, muet et de mauvais augure,
Bouffait sur l'herbe morte et le buisson roidi.

Ce fut donc par un soir lourd et sans lune bleue,
Qu'au milieu des éclairs brefs et multipliés,
Je m'avançai tout seul entre ces peupliers
Qui bordaient mon chemin pendant près d'une lieue.

Alors, les vieux trembleurs, si droits et si touffus,
A travers les brouillards que l'obscurité file
Bruissaient doucement et vibraient à la file,
Tandis qu'au loin passaient des grondements confus.

Mais l'orage éclata ; l'autan lâcha ses hordes,
Et les arbres bientôt devinrent sous leurs doigts
Des harpes de géants, qui toutes à la fois
Résonnèrent avec des millions de cordes.

Comme un frisson humain dans les vrais désespoirs
Irrésistiblement court des pieds à la tête,
Ainsi, de bas en haut, le vent de la tempête
Sillonna brusquement les grands peupliers noirs.

Maintenant le tonnerre ébranlait la vallée ;
La plaine et l'horizon tournoyaient ; et dardant
Avec plus de fureur un zigzag plus ardent,
L'éclair, d'un bout à l'autre, illuminait l'allée.

Sur des fonds sulfureux teintés de vert-de-gris
Les peupliers traçaient d'horribles arabesques ;
La foudre accompagnait leurs plaintes gigantesques,
Et l'aquilon poussait d'épouvantables cris.

C'était un bruit houleux, galopant, élastique ;
L'infini dans le râle et dans le rire amer ;
On entendait rouler l'avalanche et la mer
Dans ce clapotement sauvage et fantastique.

Un vol prodigieux d'aigles estropiés
Fouettant des maëlstroms de leurs ailes boiteuses ;
Des montagnes de voix claires et chuchoteuses ;
Des torrents de drapeaux, de flamme et de papiers ;

Un vaste éboulement de sable et de rocailles
Dégringolant à pic au fond d'immenses trous ;
Des tas enchevêtrés de serpents en courroux
Sifflant à pleine gueule et claquant des écailles ;

Des fous et des blessés agonisant la nuit
Au fond d'un grand Bicêtre ou d'un affreux hospice ;
Deux trains se rencontrant au bord d'un précipice :
Tout cela bigarrait ce formidable bruit.

Mais, degrés par degrés, l'orage eut moins de force,
Et cessa. Le chaos disparut du vallon ;
Un déluge rapide abattit l'aquilon,
Et la foudre s'enfuit avec sa lueur torse.

Et toujours, entre tous mes soirs inoubliés,
Cette sinistre nuit me poursuit et me hante,
Cette nuit d'ouragan, rauque et tourbillonnante
Où gémirent en chœur deux mille peupliers !

VILLANELLE DU SOIR

A Maxime Lorin.

Dans les herbes onduleuses
Le zéphyr plus fraîchement
Rit sous les feuilles frileuses.

Les chèvres cabrioleuses
Sont pleines d'effarement
Dans les herbes onduleuses

Plus de bergères fileuses !
A peine un chantonnement
Rit sous les feuilles frileuses.

Les sauterelles ronfleuses
Cessent leur sautillement
Dans les herbes onduleuses.

Dans les flaques argileuses
Le soleil en s'endormant
Rit sous les feuilles frileuses.

Escorté d'ombres frôleuses,
Le soir vient, grave, alarmant,
Dans les herbes onduleuses.

Les vipères cauteleuses
Ont fui ! — Quel coassement
Rit sous les feuilles frileuses !

Roi des bêtes scrofuleuses,
Le crapaud va lentement
Dans les herbes onduleuses.

Danseur des branches trembleuses,
L'écureuil vif et charmant
Rit sous les feuilles frileuses.

Les grandes mares huileuses
S'encadrent confusément
Dans les herbes onduleuses.

Les fougères sont houleuses,
Et le grillon tristement
Rit sous les feuilles frileuses ;

Des chouettes miauleuses ;
Et plus d'un effacement
Dans les herbes onduleuses ;

Des voix à demi parleuses ;
Tandis qu'un follet qui ment
Rit sous les feuilles frileuses ;

Puis, des fraîcheurs nébuleuses
Qui pleuvent du firmament
Dans les herbes onduleuses.

Des formes gesticuleuses
Passent. — L'écho, sourdement,
Rit sous les feuilles frileuses.

Les sorcières anguleuses
Vont cueillir en ce moment
Dans les herbes onduleuses

Leurs plantes miraculeuses ;
La Mort, sardoniquement,
Rit sous les feuilles frileuses.

Mais les brises cajoleuses
Font un doux bruissement
Dans les herbes onduleuses ;

Ver luisant des nuits mielleuses,
Ton humble scintillement
Rit sous les feuilles frileuses ;

Et l'astre aux couleurs moelleuses,
La lune, furtivement,
Dans les herbes onduleuses
Rit sous les feuilles frileuses.

LA RIVIÈRE DORMANT

A Jean-Charles Cazin.

Au plus creux du ravin où l'ombre et le soleil
Alternent leurs baisers sur la roche et sur l'arbre,
La rivière immobile et nette comme un marbre
S'enivre de stupeur, de rêve et de sommeil.

Plus d'un oiseau, dardant l'éclair de son plumage,
La brûle dans son vol, ami des nénuphars ;
Et le monde muet des papillons blafards
Y vient mirer sa frêle et vacillante image.

Descendu des sentiers tout sablés de mica,
Le lézard inquiet cherche la paix qu'il goûte
Sur ses rocs fendillés d'où filtrent goutte à goutte
Des filets d'eau qui font un bruit d'harmonica.

La lumière est partout si bien distribuée
Qu'on distingue aisément les plus petits objets ;
Des mouches de saphir, d'émeraude et de jais
Au milieu d'un rayon vibrent dans la buée.

Sa mousse qui ressemble aux grands varechs des mers
Éponge tendrement les larmes de ses saules,
Et ses longs coudriers, souples comme des gaules,
Se penchent pour la voir avec les buis amers.

Ni courant limoneux, ni coup de vent profane :
Rien n'altère son calme et sa limpidité ;
Elle dort, exhalant sa tiède humidité,
Comme un grand velours vert qui serait diaphane.

Pourtant cette liquide et vitreuse torpeur
Qui n'a pas un frisson de remous ni de vague,
Murmure un son lointain, triste, infiniment vague,
Qui flotte et se dissipe ainsi qu'une vapeur.

Du fond de ce grand puits qui la tient sous sa garde,
Avec ses blocs de pierre et ses fouillis de joncs,
Elle écoute chanter les hiboux des donjons
Et réfléchit l'azur étroit qui la regarde.

Des galets mordorés et d'un aspect changeant
Font à la sommeilleuse un lit de mosaïque
Où, dans un va-et-vient béat et mécanique,
Glissent des poissons bleus lamés d'or et d'argent.

Leurs nageoires qui sont rouges et dentelées
Dodelinent avec leur queue en éventail :
Si transparente est l'eau, qu'on peut voir en détail
Tout ce fourmillement d'ombres bariolées.

Comme dans les ruisseaux clairs et torrentueux
Qui battent les vieux ponts aux arches mal construites,
L'écrevisse boiteuse y chemine, et les truites
Aiment l'escarpement de ses bords tortueux.

L'âme du paysage à toute heure voltige
Sur ce lac engourdi par un sommeil fatal,
Dallé de cailloux plats et dont le fin cristal
A les miroitements du songe et du vertige.

Et, sans qu'elle ait besoin des plissements furtifs
Que les doigts du zéphyr forment sur les eaux mates,
Pour prix de leur ombrage et de leurs aromates
La rivière sourit aux végétaux plaintifs;

Et quand tombe la nuit spectrale et chuchoteuse,
Elle sourit encore aux parois du ravin :
Car la lune, au milieu d'un silence divin,
Y baigne les reflets de sa lueur laiteuse.

NUIT TOMBANTE

A Raoul Lafagette.

Les taureaux, au parfum
    De la mousse,
Arpentent l'herbe rousse,
    Et chacun
Beugle au soleil défunt ;
La rafale qui glousse
    Se trémousse
    Dans l'air brun.

Et le ravin cruel,
    Sourd et chauve,
A l'humidité fauve
    D'un tunnel ;
Et comme un criminel,
Le nuage se sauve,
    Gris et mauve,
    Dans le ciel.

Des saules convulsés
　　Et difformes,
Des trous, des rocs énormes,
　　Des fossés,
Des vieux chemins gercés,
Des buissons multiformes,
　　Et des ormes
　　Crevassés,

De l'eau plate qui dort
　　Dans la terre,
Noire et plus solitaire
　　Qu'un remord :
Un long murmure sort,
Un long murmure austère
　　De mystère
　　Et de mort.

Au clapotis que font
　　Les viornes,
Sous la voûte sans bornes
　　Et sans fond,
Tout s'éloigne et se fond ;
L'ombre efface les cornes
　　Des bœufs mornes
　　Qui s'en vont.

Et l'escargot sans bruit
Rampe et bave;
L'obscurité s'aggrave,
Le vent fuit;
Et l'oiseau de minuit
Flotte comme une épave
Dans la cave
De la nuit.

LE PETIT LIÈVRE

A Léon Bloy.

Brusque, avec un frisson
De frayeur et de fièvre,
On voit le petit lièvre
S'échapper du buisson.
Ni mouche ni pinson ;
Ni pâtre avec sa chèvre,
  La chanson
  Sur la lèvre.

Tremblant au moindre accroc,
La barbe hérissée
Et l'oreille dressée,
Le timide levraut
Part et se risque au trot,
Car l'aube nuancée
  N'est pas trop
  Avancée.

L'animal anxieux
S'assied sur une fesse;
Et pendant qu'il paresse,
La brume dans les yeux,
Le grand saule pieux
S'agenouille et s'affaisse
    Comme un vieux
    A confesse.

N'entend-il pas quelqu'un?
Non! ce n'est que la brise
Qui caresse et qui grise
Son petit corps à jeun.
Et dans le taillis brun
Le fou s'aromatise
    Au parfum
    Du cytise.

Dans le matin pâlot,
Leste et troussant sa queue,
Il fait plus d'une lieue
D'un seul trait, au galop.
Il s'arrête au solo
Du joli hoche-queue,
    Près de l'eau
    Verte et bleue.

Terrains mous, terrains durs,
En tout lieu son pied trotte;
Et poudreux, plein de crotte,
Ce rôdeur des blés mûrs
Hante les trous obscurs
Où la source chevrote,
    Les vieux murs
      Et la grotte.

L'aube suspend ses pleurs
Au treillis des barrières,
Et sur l'eau des carrières
Fait flotter ses couleurs.
Et les bois roucouleurs,
L'herbe des fondrières
    Et les fleurs
      Des clairières,

L'if qui se rabougrit,
Le roc vêtu d'ouate
Où le genêt s'emboîte,
La forêt qui maigrit,
La mare qui tarit,
L'ornière creuse et moite :
    Tout sourit
      Et miroite.

Et dans le champ vermeil
Où s'épuise la sève,
Le lièvre blotti rêve
D'un laurier sans pareil ;
Et toujours en éveil
Il renifle sans trêve
    Au soleil
    Qui se lève.

LE ROSSIGNOL

A Louis Ratisbonne.

Quand le soleil rit dans les coins,
Quand le vent joue avec les foins,
A l'époque où l'on a le moins
    D'inquiétudes;
Avec Mai, le mois enchanteur
Qui donne à l'air bonne senteur,
Il nous revient, l'oiseau chanteur
    Des solitudes.

Il habite les endroits frais,
Pleins de parfums et de secrets,
Sur les lisières des forêts
    Et des prairies;
Sur les bords d'un lac ombragé,
Auprès d'un manoir très âgé
Ou d'un cimetière chargé
    De rêveries.

Le doux ignorant des hivers
Hante les fouillis d'arbres verts,
Et voit le soleil à travers
   L'écran des feuilles ;
C'est là que tu passes tes jours,
Roi des oiselets troubadours,
Et que pour chanter tes amours
   Tu te recueilles.

Tandis que l'horizon blêmit,
Que la berge se raffermit,
Et que sur les ajoncs frémit
   La libellule ;
Tandis qu'avec des vols ronfleurs,
Parfois obliques et frôleurs,
L'abeille rentre ivre de fleurs
   Dans sa cellule ;

Lui, le bohème du printemps,
Il chante la couleur du temps ;
Et saules pleureurs des étangs,
   Vieilles églises
Ayant du lierre à plus d'un mur,
Toute la plaine et tout l'azur
Écoutent vibrer dans l'air pur
   Ses vocalises.

Quand il pousse dans sa langueur
Des soupirs filés en longueur,
C'est qu'il souffre avec tout son cœur,
    Toute son âme !
Sa voix pleurant de chers hymens
A des sons tellement humains,
Que l'on dirait par les chemins
    Des cris de femme !

Alors elle rend tout pensifs
Les petits chênes, les grands ifs;
Et mêlée aux ruisseaux furtifs,
    Aux bons visages
De la vache et de la jument,
Cette voix est assurément
La plainte et le gémissement
    Des paysages.

LE SOLEIL

Le Soleil, ami du serpent
Et couveur de la pourriture,
Est le brasier que la Nature
Tous les jours allume et suspend.

Le malade, clopin-clopant,
Va chercher, quand il s'aventure,
Le Soleil ami du serpent
Et couveur de la pourriture.

L'enveloppé, l'enveloppant,
Tout subit sa grande friture;
Et jusque dans la sépulture,
Il s'inocule et se répand,
Le Soleil, ami du serpent.

LES FILS DE LA VIERGE

A Louis Brechemin.

Bons petits cheveux si légers,
Jolis petits fils de la Vierge,
Vivent l'air pur qui vous héberge
Et la route où vous voyagez !

Suspendez-vous dans les vergers,
Flottez sur l'onde et sur la berge,
Bons petits cheveux si légers,
Jolis petits fils de la Vierge !

Les chevrettes et les bergers,
Le peuplier droit comme un cierge,
Le vieux château, la vieille auberge,
Tout sourit quand vous voltigez,
Bons petits cheveux si légers !

LA SAUTERELLE

A Georges Landry.

Sa tête a l'air d'être en bois peint,
Malgré ses mandibules moites ;
Elle a l'œil gros comme un pépin.
Pareille aux bêtes en sapin,
Mouton, cheval, bœuf et lapin,
Que les enfants ont dans des boîtes,
Sa tête a l'air d'être en bois peint,
Malgré ses mandibules moites.

Grise, elle a les ailes doublées
De rouge antique ou de bleu clair
Qu'on entrevoit dans ses volées
Brusques, ronflantes et tremblées.
Verte, ses jambes endiablées
Sont aussi promptes que l'éclair ;
Grise, elle a les ailes doublées
De rouge antique ou de bleu clair.

Elle saute sans nul effort
Les ruisselets et les ornières ;
Et son coup de cuisse est si fort
Qu'elle semble avoir un ressort.
Puis, quand elle a pris son essor
Autour des trous et des marnières,
Elle saute sans nul effort
Les ruisselets et les ornières.

La toute petite grenouille
La regarde et croit voir sa sœur,
Au bord du pacage qui grouille
De fougères couleur de rouille.
Dans sa rigole où l'eau gargouille,
Sur son brin de jonc caresseur,
La toute petite grenouille
La regarde et croit voir sa sœur.

Elle habite loin des marais,
Sous la feuillée, au pied du chêne ;
Dans les clairières des forêts,
Sur le chaume et dans les guérets.
Aux champs, elle frétille auprès
Du vieil âne tirant sa chaîne ;
Elle habite loin des marais,
Sous la feuillée auprès du chêne.

Nids de taupes et fourmilières,
Champignon rouge et caillou blanc,
Le chardon, la mousse et les lierres
Sont ses rencontres familières.
Sur les brandes hospitalières,
Elle vagabonde en frôlant
Nids de taupes et fourmilières,
Champignon rouge et caillou blanc.

Quand le soleil a des rayons
Qui sont des rires de lumière,
Elle se mêle aux papillons
Et cliquette avec les grillons ;
Elle abandonne les sillons
Et les abords de la chaumière,
Quand le soleil a des rayons
Qui sont des rires de lumière.

Cheminant, sautant, l'aile ouverte,
Elle va par monts et par vaux
Et voyage à la découverte
De quelque pelouse bien verte :
En vain, elle a plus d'une alerte
Parmi tant de pays nouveaux,
Cheminant, sautant, l'aile ouverte,
Elle va par monts et par vaux.

Son chant aigre est délicieux
Pour l'oreille des buissons mornes.
C'est l'acrobate gracieux
Des grands vallons silencieux.
Les liserons sont tout joyeux
En sentant ses petites cornes ;
Son chant aigre est délicieux
Pour l'oreille des buissons mornes.

Cauchemar de l'agriculteur,
Tu plairas toujours au poète,
Au doux poète fureteur,
Mélancolique observateur.
Beau petit insecte sauteur,
Je t'aime des pieds à la tête :
Cauchemar de l'agriculteur,
Tu plairas toujours au poète !

BALLADE

DE LA REINE DES FOURMIS ET DU ROI DES CIGALES

Deux insectes de race avaient le même trou :
L'un, grillon souffreteux, passablement poète,
Mélomane enragé, rôdeur, maussade et fou ;
Et l'autre, une fourmi sage et toujours en quête
De supputer au mieux l'avenir dans sa tête.
Mais tous deux ils avaient de tendres unissons
Dans leur amour des prés, des rocs et des moissons :
Un taillis leur causait des voluptés égales,
Et l'aube emplissait d'aise et de joyeux frissons
La reine des fourmis et le roi des cigales.

Quand le grillon voulait aller je ne sais où
Et risquer son corps frêle au vent de la tempête,
La mignonne fourmi l'enfermait au verrou,
Et son charme en faisait tellement la conquête,
Qu'il retenait l'ingrat au petit gîte honnête.
La rainette des bois et celle des cressons
Admiraient à loisir leurs gentilles façons
Quand ils poussaient au loin leurs courses conjugales,
Et l'oiseau célébrait avec force chansons
La reine des fourmis et le roi des cigales.

Ils rentraient tous les soirs à l'heure où le hibou
Gémit lugubrement comme un mauvais prophète.
Le grillon voulait bien courir le guilledou,
Mais la fourmi disait : « Je serais inquiète,
« De grâce, viens dormir! et j'aurai l'âme en fête! »
Ainsi toujours! Amis du merle et des pinsons,
Chéris du scarabée, et craints des charançons,
Ils savourent en paix leurs dînettes frugales,
Et le ciel a béni dans l'herbe et les buissons
La reine des fourmis et le roi des cigales.

ENVOI.

Princesse, qui m'appris dans tes saintes leçons
Que travail et vertu sont les vrais écussons,
O toi qui de tendresse et d'amour me régales,
Ne te semble-t-il pas, dis, que nous connaissons
La reine des fourmis et le roi des cigales!

LA TONNELLE

A André Lemoyne.

A l'heure où le grillon racle sa ritournelle,
Lorsque le jour s'en va du monde curieux,
La tonnelle profonde, au banc mystérieux,
Tressaille en regardant la montagne éternelle.

Là, mon rêve enivré d'une paix solennelle
Poursuit nonchalamment son vol silencieux,
Car tous les bruits du soir, rauques et gracieux,
Arrivent tamisés dans la bonne tonnelle.

Aux quatre coins du clos, le moindre vent rôdeur
Emporte la sauvage et résineuse odeur
Des branches de sapins dont elle est recouverte;

Et de loin, le soleil qui meurt dans les cieux blancs,
A travers son treillis de feuillages tremblants
Jette un rayon pourpré dans sa pénombre verte.

LA FONTAINE

A Georges Charpentier.

La fontaine du val profond
Luit au bas des vieilles tourelles
Dont les toitures se défont
Et dont les girouettes grêles
Vont et viennent, viennent et vont.

Jamais la mousse de savon
N'a troublé ses plissements frêles :
Elle est limpide jusqu'au fond,
      La fontaine.

Sur ses bords les saules me font
Des éventails et des ombrelles ;
Et là, parmi les sauterelles,
J'arrête mon pas vagabond
Pour lire Virgile et le bon
      La Fontaine.

LES ROSES

A Auguste Arnault.

Dans l'air comme embrasé par une chaleur d'âtre
Elles ont un arome aussi lourd qu'ennuyé,
Et par un crépuscule orageux et mouillé
La blanche devient jaune, et la jaune, verdâtre.

Mais à l'aube naissante, à cette heure où la nuit
Abandonne en pleurant les étoiles éteintes,
Chacune se déplisse et rallume ses teintes,
Et leur parfum s'envole avec le vent qui fuit.

Souvent on aperçoit dans l'atmosphère chaude,
Sur leurs pétales blancs, purpurins ou rosés,
Un beau petit insecte aux reflets irisés,
Qui miroite au soleil ainsi qu'une émeraude.

Bien des mouches qui sont distilleuses de miel
Vampirisent galment ces reines végétales,
Et plus d'un vent du nord aux haleines brutales
Ravage leur parterre endormi sous le ciel.

Elles ont beau piquer le doigt qui les enlève :
On affronte en riant leur perfide beauté,
Pour cueillir ces boutons si pleins de volupté,
Qu'on dirait de la chair pétrie avec du rêve.

Ornant la modestie aussi bien que l'orgueil,
Fleurissant tout, cheveux, boutonnières, corsages,
Elles sont les joyaux des fous comme des sages
Et s'effeuillent encor sur la vierge au cercueil.

Et même, entre l'if morne et le cyprès austère,
Dans les dortoirs pierreux où gisent les défunts,
Elles font oublier à force de parfums
La putréfaction qui fermente sous terre.

Aussi, bien que rongé de souffrance et d'ennuis,
Je me plais à les voir, corolle grande ouverte,
Se pavaner au bout de leur tige âpre et verte
Dans la corbeille ovale aux bordures de buis.

Mon esprit embrumé subit leur influence;
Elles me font rêver d'ineffables Édens,
Et j'adore ces fleurs où l'ange des jardins
Raffine le parfum, la forme et la nuance.

J'aime la rose pourpre aux boutons de carmin,
Coupe où l'on boit le sang filtré de la nature,
Sirène dont le souffle errant à l'aventure
Est un chuchotement d'amours sans lendemain.

Mais je préfère encor la rose poitrinaire
Dont l'incarnat plaintif avive la pâleur :
Oh! comme tes soupirs embaumés, triste fleur,
M'arrivent doux et purs dans la clarté lunaire !

De la villa moderne à l'antique manoir,
Tu délectes partout mon œil et ma narine :
Où que j'aille, c'est toi que mon humeur chagrine
Frôle amoureusement comme un papillon noir.

RONDEAU DE PRINTEMPS

A Alphonse Daudet.

Des pêchers roses, tous en chœur
Embaument les vignes désertes ;
Le battoir fait son bruit claqueur
Au bord des mares découvertes,
Et la nuit perd de sa longueur.

Le vent qui n'a plus de rigueur
Éparpille en souffles alertes
La contagieuse langueur
      Des pêchers roses.

L'Amour sourit, tendre et moqueur,
Car bientôt, dans les herbes vertes,
Œil mi-clos, lèvres entr'ouvertes,
Plus d'une aux bras de son vainqueur
Va commettre de tout son cœur
      Des péchés roses.

LE LISERON

A Alfred Prunaire.

Le liseron est un calice
Qui se balance à fleur de sol.
L'éphémère y suspend son vol
Et la coccinelle s'y glisse.

Le champignon rugueux et lisse
Parfois lui sert de parasol;
Le liseron est un calice
Qui se balance à fleur de sol.

Or, quand les champs sont au supplice,
Brûlés par un ciel espagnol,
Il tend toujours son petit bol
Afin que l'averse l'emplisse :
Le liseron est un calice.

LES PAQUERETTES

A René Mallebay.

Les pâquerettes sont en deuil
Depuis que Marguerite est morte.
Hélas! on a fermé la porte
Et sa bière a quitté le seuil.

Elles se miraient dans son œil :
C'était leur âme en quelque sorte!
Les pâquerettes sont en deuil
Depuis que Marguerite est morte.

Chacune, avec un tendre orgueil,
Câline et tristement accorte,
Eût voulu lui servir d'escorte
Et se faner dans son cercueil!
Les pâquerettes sont en deuil.

LES POULICHES

A Aristide Frémine.

Frissonnantes, ridant leur peau gris-pommelé
Au moindre frôlement des zéphyrs et des mouches,
Les pouliches, non loin des grands taureaux farouches,
Trottinent sur les bords du pacage isolé.

Dans ce vallon tranquille où les ronces végètent
Et qu'embrume l'horreur des joncs appesantis,
La sauterelle joint son aigre cliquetis
Aux hennissements courts et stridents qu'elles jettent.

Dressant leurs jarrets fins et leur cou chevelu,
Elles tremblent de peur au bruit du train qui passe,
Et leurs yeux inquiets interrogent l'espace
Depuis l'arbre lépreux jusqu'au rocher velu.

Et tandis qu'on entend prononcer des syllabes
Aux échos du ravin plein d'ombre et de fracas,
Elles enflent au vent leurs naseaux délicats,
Fiers comme ceux du zèbre et des juments arabes.

L'averse dont le sol s'embaume, et qui dans l'eau
Crépite en dessinant des ronds qui s'entrelacent ;
Les lames d'argent blanc qui polissent et glacent
Le tronc du jeune chêne et celui du bouleau ;

Un lièvre qui s'assied sur les mousses crépues ;
Des chariots plaintifs dans un chemin profond :
Autant de visions douces qui satisfont
La curiosité des pouliches repues.

Même en considérant les margots et les geais
Qui viennent en amis leur conter des histoires,
Elles ont tout l'éclat de leurs prunelles noires :
C'est du feu pétillant sous des globes de jais !

Elles mêlent souvent à leurs douces querelles
Le friand souvenir de leurs mères juments,
Et vont avec de vifs et gentils mouvements
Se mordiller le ventre et se téter entre elles.

Leur croupe se pavane, et leur toupet joyeux,
S'échappant du licol en cuir qui les attache,
Parfois sur leur front plat laisse voir une tache
Ovale de poils blancs lisses comme des yeux.

Autour des châtaigniers qui perdent leur écorce,
Elles ont dû passer la nuit à l'air brutal,
Car la rosée, avec ses gouttes de cristal,
Diamante les bouts de leur crinière torse.

Mais bientôt le soleil flambant comme un enfer
Réveillera leur queue aux battements superbes
Et fourbira parmi les mouillures des herbes
Leurs petits sabots blonds encor vierges du fer.

LE MINET

Il tète avec avidité
Et se cogne au sein qu'il enlace ;
Puis, lorsque sa nourrice est lasse,
Il dort sur son ventre ouaté.

Pour le minet doux et futé
C'est un lit que rien ne remplace !
Il tète avec avidité
Et se cogne au sein qu'il enlace.

Quand il s'est bien lissé, gratté,
Pris la queue et vu dans la glace,
Après ses tournements sur place
Et ses petits sauts de côté,
Il tète avec avidité.

LA PETITE SOURIS

La petite souris blanchette
Glisse d'un pas bref et menu
Autour du bébé presque nu
Qui gigote sur sa couchette.

Et tandis que sur sa manchette
L'enfant bave, rose et chenu,
La petite souris blanchette
Glisse d'un pas bref et menu.

Crac! la voilà sur la planchette
A deux doigts du frêle ingénu!
Mais le chat noir est survenu :
Elle rentre dans sa cachette,
La petite souris blanchette.

LA VACHE AU TAUREAU

A Léon Cladel.

A l'aube, à l'heure exquise où l'âme du sureau
Baise au bord des marais la tristesse du saule,
Jeanne, pieds et bras nus, l'aiguillon sur l'épaule,
Conduit par le chemin sa génisse au taureau.

Compagnonnage errant de placides femelles,
Plantureuses Vénus de l'animalité,
Qui, dans un nonchaloir plein de bonne santé,
S'en vont à pas égaux comme deux sœurs jumelles.

Si le pis est pesant, les seins sont aussi lourds,
L'une a les cheveux drus, l'autre les crins opaques,
Et leurs yeux sont pareils à ces petites flaques
Où la lune projette un rayon de velours.

Aussi, rocs et buissons, les chênes et les chaumes
Semblent leur dire, émus de cette humble union,
Qu'en ce jour c'est la fête et la communion
Des formes, des clartés, des bruits et des aromes.

Un seul point les sépare, et ce point-là, c'est tout :
Séduite un beau matin par le Serpent fait homme,
Aux rameaux du Plaisir, Jeanne a cueilli la pomme,
Tandis que la génisse est vierge de partout.

Ses cornes aux bouts noirs, arquant leurs fines pointes,
Parent son doux visage ; et d'un air ingénu,
Toute neuve, elle apporte à son mâle inconnu
Ses lèvres de pucelle hermétiquement jointes.

Elles s'en vont ainsi le long des églantiers
Où l'Aurore a pleuré son déluge de perles,
Et le vol des piverts, des margots et des merles
Les effleure et les suit par dessus les sentiers.

Bientôt, sur leur trajet, la brise encore moite
Embaume son murmure et chauffe son soupir ;
Le lièvre, à travers champs, flâne et vient s'accroupir,
Et le ciel resourit à l'eau qui remiroite.

La vache, en mal d'amour, brame, le cou tendu,
Ou flaire les gazons, sans danger qu'elle y morde ;
Et la fille, en chantant, la mène par la corde,
Ivre et sereine au fond de ce pays perdu.

Soudain par la venelle où marquent les fers d'âne
Et jonchée au milieu de crotte de mouton,
On vient à sa rencontre, et vite, Jeanneton
Reconnaît le beau gars pour qui son cœur se damne.

Ils sont rendus. Voici le troupeau des canards
Qui plongeonne et s'ébat sur l'étang couleur d'huile,
Le coq sur son fumier, le pigeon sur sa tuile,
Et les deux chiens grognons, roux comme des renards.

Tous les fermiers sont là dans la cour du domaine,
Depuis l'aïeul joufflu jusqu'au pâtre chafouin ;
L'un d'eux fixe aux barreaux d'une voiture à foin
La taure qui mugit, s'effare et se démène.

On fait cercle, on s'installe autour du chariot,
Et bientôt le taurin s'avance d'un pas ferme,
Laissant choir de la morve et goutteler du germe,
Trapu, la tête courte et le pied maigriot.

Il vient ; sa longue queue, âpre et bien emmanchée,
Sur les cuisses, les flancs, et jusque sur les reins
Agite en se tordant son panache de crins
Où claquent des grumeaux de bouse desséchée.

Front bourru, mal corné, les yeux sanglants et fous,
Il bouffe devant lui comme un soufflet de forge ;
Et le fanon ridé qui croule de sa gorge
Flotte massivement et lui bat les genoux.

De sa langue râpeuse, énorme et violette,
Il fouille ses naseaux alternativement,
Et par un guttural et rauque beuglement
Il aborde d'un trait la vache qui halète.

Alors, ces animaux tremblants et tout émus,
Comme pour se conter les ruts qui les harassent,
Se hument longuement, se pourlèchent, s'embrassent,
Corne à corne, et joignant leurs gros museaux camus.

Graves et solennels près de cette voiture,
Ils ont l'air de comprendre, avec le libre instinct,
Qu'ils vont se donner là, sous l'œil blanc du Matin,
Le grand baiser d'Amour qui peuple la Nature.

Enfin, quand il a mis son mufle au bon endroit,
Le Brun, aux rayons frais du soleil qui se dore,
Renifle dans le vent la senteur qu'il adore
Et s'apprête, indécis, boiteux et maladroit.

Il marche à reculons, il tournoie, il oblique;
Puis, ayant consulté sa récente vigueur,
Darde son nerf pointu dans toute sa longueur,
Et s'enlève puissant, fauve et mélancolique.

Mais, déséquilibré sitôt qu'il est debout,
Il use, à tâtonner, son ardeur qui succombe :
Il se hisse et fléchit, il regrimpe et retombe;
Et pourtant, le taureau n'est pas encore à bout.

En vain les quolibets pleuvent du petit groupe :
Il se recueille en lui pour un nouvel assaut,
Il retâte, il relèche, il se dresse en sursaut,
Et voilà qu'il reprend la vache par la croupe.

Ah bravo! cette fois, la saillie a porté!
Certe, il n'est pas besoin que le veau recommen :
Il a, d'un jet suprême, engouffré sa semence
Jusque dans le fin fond de la maternité!

Et tandis que la vache, absolument inerte,
Cuve un ravissement qui ne peut s'exhaler,
Le taureau couvre encore, avant de s'en aller,
La vierge de vingt mois qu'il a si bien ouverte.

Or, Jeanne et son galant surveillés par les Vieux,
Ayant vu tout cela sans pouvoir rien se dire,
Échangent à l'envi les baisers du sourire
Et les attouchements des gestes et des yeux;

Puis, le désir mouillant leur prunelle flambante,
Pleine de longs regards coulés en tapinois,
Tous deux ont convenu, par un signal sournois,
De se voir aujourd'hui, juste à la nuit tombante.

Mais, avec le départ du Maître en cheveux blancs,
Finit cette humble scène aux acteurs si nature :
Chacun s'en va; le Brun retourne à sa pâture,
La génisse, œil mi-clos, suit la fille à pas lents.

Et Jeanne s'en revient, voluptueuse et rose,
En songeant que ce soir, à l'heure des crapauds,
Elle, bien moins niaise, et lui, bien plus dispos,
Sous la Lune ils feront, tous deux, la même chose.

BALLADE DU VIEUX BAUDET

A Madame Jenny Vialon.

En automne, à cette heure où le soir triomphant
Inonde à flots muets la campagne amaigrie,
Rien ne m'amusait plus, lorsque j'étais enfant,
Que d'aller chercher l'âne au fond d'une prairie
Et de le ramener jusqu'à son écurie.
En vain le vieux baudet sentait ses dents jaunir,
Ses sabots s'écailler, sa peau se racornir :
A ma vue il songeait aux galops de la veille,
Et parmi les chardons commençant à brunir
Il se mettait à braire et redressait l'oreille.

Alors je l'enfourchais et ma blouse en bouffant
Claquait comme un drapeau dans la bise en furie
Qui, par les chemins creux, tantôt m'ébouriffant,
Tantôt me suffoquant sous la nue assombrie,
Déchaînait contre moi toute sa soufflerie.
Quel train ! Parfois ayant grand' peine à me tenir,
J'aurais voulu descendre ou pouvoir aplanir
Ses reins coupants et d'une âpreté sans pareille;
Mais lui, fier d'un jarret qui semblait rajeunir,
Il se mettait à braire et redressait l'oreille.

Nous allions ventre à terre, et l'églantier griffant,
Les ajoncs, les genêts, la hutte rabougrie,
Les mètres de cailloux, le chêne qui se fend,
La ruine, le roc, la barrière pourrie
Passaient et s'enfuyaient comme une songerie.
Et puis nous approchions : plus qu'un trot à fournir!
Dans l'ombre où tout venait se confondre et s'unir,
L'âne flairait l'étable avec son mur à treille,
Et sachant que sa course allait bientôt finir,
Il se mettait à braire et redressait l'oreille.

ENVOI.

Du fond de ma tristesse entends-moi te bénir,
O mon passé! — Je t'aime, et tout mon souvenir
Revoit le vieux baudet dans la brume vermeille,
Tel qu'autrefois, lorsqu'en me regardant venir
Il se mettait à braire et redressait l'oreille.

LE CHEVAL POITRINAIRE

Sa toux qui retentit comme une plainte humaine
Secoue obstiném'nt son grand corps accablé ;
Mufle bas, jarrets mous, sur sa paille de blé,
Il n'a mangé ni bu depuis une semaine.

En vain, à petits pas, un enfant le promène
Et chasse les taons lourds dont il est harcelé,
Sa toux qui retentit comme une plainte humaine
Secoue obstinément son grand corps accablé.

Il attriste l'étable et la cour du domaine
Et le prolongement de l'écho désolé
Répercute au plus creux du manoir isolé
Plein des vagues effrois que le Minuit ramène,
Sa toux qui retentit comme une plainte humaine.

BALLADE

DE LA PETITE ROSE ET DU PETIT BLUET.

Nomade confident des herbes et des plantes,
Impalpable éventail du sol âpre et roussi,
Caresse des lacs morts et des rivières lentes,
Colporteur de l'arome et du murmure aussi,
Le zéphyr m'a conté l'histoire que voici :
« Dans un mélancolique et langoureux voyage
« Que je fis tout au fond d'un jardin sans grillage
« Où des quatre horizons le mystère affluait,
« J'entendis tout à coup le charmant babillage
« De la petite rose et du petit bluet.

« Sans doute quelque fée aux mains ensorcelantes
« Leur donnait le pouvoir de cheminer ainsi,
« Car elles s'en allaient, ces fleurettes parlantes,
« Du matin jusqu'au soir, vagabondant par-ci,
« Par-là, causant d'amour et n'ayant nul souci.
« Leur tendresse n'était que de l'enfantillage ;
« Mais pourtant dans les coins ombrés par le feuillage
« Le couple si folâtre était parfois muet,
« Et je n'entendais plus le joli verbiage
« De la petite rose et du petit bluet.

BALLADE DE LA PETITE ROSE.

« Un matin, au parfum des corolles tremblantes,
« Tout le jardin chanta sous le ciel éclairci ;
« Le bassin réveilla ses rides somnolentes,
« Le sapin fut moins triste et le serpent transi
« Parut se délecter sur le roc adouci ;
« Le papillon, l'oiseau qui vit de grapillage
« Et l'abeille qui met tant de fleurs au pillage,
« Dans un brin de soleil dansaient un menuet :
« Et j'appris que c'était le jour du mariage
« De la petite rose et du petit bluet. »

ENVOI.

Toi qui fais sur ma bouche un si doux gaspillage
De baisers qui sont frais comme le coquillage,
Princesse maladive au corps souple et fluet,
Daigne te souvenir jusque dans le vieil âge
De la petite rose et du petit bluet.

LES PRUNELLES

A Gabriel Vicaire.

Ces prunelles bleu violet,
Dans le buisson plein de murmures,
N'ont qu'un terne et laiteux reflet
Auprès du noir luisant des mûres;
Pas de guêpe au long corselet.

Mais voici que maint oiselet
S'éveille et descend des ramures
Pour picorer, tant qu'il lui plaît,
  Ces prunelles.

Comme des grains de chapelet,
Elles sortent rondes et pures
D'un fouillis de vertes guipures;
Les prés sentent le serpolet,
Et l'aube ouvre dans l'air follet
  Ses prunelles.

LA MORT DES FOUGÈRES

A Madame Charles Buet.

L'âme des fougères s'envole :
Plus de lézards entre les buis !
Et sur l'étang froid comme un puits
Plus de libellule frivole !

La feuille tourne et devient folle,
L'herbe songe aux bluets enfuis.
L'âme des fougères s'envole :
Plus de lézards entre les buis !

Les oiseaux perdent la parole,
Et par les jours et par les nuits,
Sur l'aile du vent plein d'ennuis,
Dans l'espace qui se désole
L'âme des fougères s'envole.

LA MOUSSE

A Hippolyte Charlemagne.

La mousse aime le caillou dur,
La tour que la foudre électrise,
Le tronc noueux comme un fémur
Et le roc qui se gargarise
Au torrent du ravin obscur.

Elle est noire sur le vieux mur,
Aux rameaux du chêne elle est grise,
Et verte au bord du ruisseau pur,
    La mousse.

Le matin, au temps du blé mûr,
Ce joli végétal qui frise
Souffle un parfum terreux qui grise ;
Il boit les larmes de l'azur,
Et le papillon vibre sur
    La mousse.

LE VAL DES MARGUERITES

A Sarah Bernhardt.

C'est au fond d'un ravin fantastique et superbe
Où maint rocher lépreux penche et dresse le front :
Une espèce de puits gigantesquement rond
Dont l'eau n'aurait servi qu'à faire pousser l'herbe.

Là, le mystère ému déployant ses deux ailes
Fantomalise l'air, les pas et les reflets :
Il semble, en cet endroit, que des lutins follets
Accrochent leurs zigzags à ceux des demoiselles.

L'horreur des alentours en ferme les approches ;
L'écho n'y porte pas le sifflet des convois ;
Ses murmures voilés ont le filet de voix
Des gouttelettes d'eau qui filtrent sous les roches.

C'est si mort et si frais, il y flotte, il y vague
Tant de silence neuf, de bruit inentendu,
Que l'on pressent toujours en ce vallon perdu
Quelque apparition indéfiniment vague !

Il n'a jamais connu ni moutons, ni chevrettes,
Ni bergère qui chante en tenant ses tricots ;
Les tiges de bluets et de coquelicots
N'y font jamais hocher leurs petites aigrettes :

Mais, entre ses grands houx droits comme des guérites,
Ce val, si loin des champs, des prés et des manoirs,
Cache, tous les étés, ses gazons drus et noirs
Sous un fourmillement de hautes marguerites.

Chœur vibrant et muet, innocent et paisible,
Où chaque pâquerette, à côté de sa sœur,
A des mouvements blancs d'une extrême douceur,
Dans la foule compacte et cependant flexible.

L'oiseau, pour les frôler, quitte l'orme et l'érable ;
Et le papillon gris, dans un mol unisson,
Y confond sa couleur, sa grâce et son frisson
Quand il vient y poser son corps impondérable.

Le Gnome en phaéton voit dans chacune d'elles
Une petite roue au moyeu d'or bombé,
Et le Sylphe y glissant pense qu'il est tombé
Sur un nuage ami de ses battements d'ailes.

La Nature contemple avec sollicitude
Ce petit peuple frêle, onduleux et tremblant
Qu'elle a fait tout exprès pour mettre un manteau blanc
A la virginité de cette solitude.

On dirait que le vent qui jamais ne les froisse
Veut épargner ici ces fleurs des grands chemins,
Qui plaisent aux yeux purs, tentent les tristes mains,
Et que l'Amour peureux consulte en son angoisse.

Nul arome ne sort de leur corolle blême ;
Mais au lieu d'un parfum mortel ou corrupteur,
Elles soufflent aux cieux la mystique senteur
De la simplicité dont elles sont l'emblème.

Et toutes, chuchotant d'imperceptibles phrases,
Semblent remercier l'azur qui, tant de fois,
Malgré le mur des rocs et le rideau des bois,
Leur verse de si près ses lointaines extases.

Avant que le matin, avec ses doigts d'opale,
N'ait encore essuyé leurs larmes de la nuit,
Elles feraient songer aux vierges de l'ennui
Qui s'éveillent en pleurs, et la face plus pâle.

Le soleil les bénit de ses yeux sans paupières,
Et, fraternellement, ce Gouffre-Paradis
Reçoit, comme un baiser des alentours maudits,
L'âme des végétaux et le soupir des pierres.

Puis, la chère tribu, quand le soir se termine,
Sous la lune d'argent qui se joue au travers,
Devient entre ses houx lumineusement verts
Une vapeur de lait, de cristal et d'hermine.

Et c'est alors qu'on voit des formes long-voilées,
Doux spectres du silence et de l'isolement,
Se mouvoir côte à côte, harmonieusement,
Sur ce lac endormi de blancheurs étoilées.

LES PAPILLONS

A Luigi Loir.

Ils sortent radieux et doux
Des limbes de la chrysalide
Et frôlent dans les chemins roux
Les ronces, les buis et les houx.
Pour voir les vieux murs pleins de trous
Et que la mousse consolide,
Ils sortent radieux et doux
Des limbes de la chrysalide.

Par eux, les buveurs de parfums,
Toutes les fleurs sont respirées ;
Ils vont des coudriers défunts
Aux nénuphars des étangs bruns ;
Et par eux, les chers importuns
Des solitudes éplorées,
Par eux, les buveurs de parfums
Toutes les fleurs sont respirées.

Rouges, gris, noirs, jaunes et blancs,
Lamés d'azur, teintés de rose,
Ils rasent, gais et nonchalants,
La touffe d'herbe aux bouts tremblants;
Et par les midis accablants
Ils voyagent dans l'air morose,
Rouges, gris, noirs, jaunes et blancs,
Lamés d'azur, teintés de rose.

Ils sont portés par le vent lourd
Ainsi que la feuille par l'onde;
Au-dessus du ruisseau qui court
Leur vol est somnolent et court.
Seuls, dans le crépitement sourd
De la campagne verte et blonde,
Ils sont portés par le vent lourd
Ainsi que la feuille par l'onde.

Sur les fougères des grands prés
Et les genêts aux gousses noires,
Sur les coquelicots pourprés,
Ils frémissent tout effarés.
Et l'on voit leurs tons diaprés,
Éblouissants comme des moires,
Sur les fougères des grands prés
Et les genêts aux gousses noires.

Les papillons perdent un peu
De la poussière de leurs ailes
Dans le bonjour et dans l'adieu
Qu'ils murmurent au chardon bleu ;
Et, maintes fois, dans plus d'un jeu
Avec leurs sœurs, les demoiselles,
Les papillons perdent un peu
De la poussière de leurs ailes.

Sur la côte où le lézard vert
Glisse avec un frisson d'étoile,
Ils s'arrêtent sous le ciel clair
Au milieu d'un calice ouvert :
Leurs ailes bien jointes ont l'air
D'une toute petite voile,
Sur la côte où le lézard vert
Glisse avec un frisson d'étoile.

La pâquerette ou le bluet
Les prend pour des fleurs envolées,
Et l'oiseau, d'un œil inquiet,
Les suit sur son rameau fluet.
Jolis rôdeurs au vol muet,
Quand ils passent dans les vallées,
La pâquerette ou le bluet
Les prend pour des fleurs envolées.

Le Paon-de-jour sur le zéphyr
Sème des pierres précieuses ;
Jais, corail, topaze et saphir,
Sur la rose il vient s'assoupir ;
Sa vue arrête le soupir
Et rend les prunelles joyeuses :
Le Paon-de-jour sur le zéphyr
Sème des pierres précieuses.

Soudain le Sphinx-tête-de-Mort
Passe et dit : « Tu seras cadavre. »
On a dompté l'ennui qui mord,
On est à l'abri du remord,
Et libre, nonchalant et fort,
On s'en va sans rien qui vous navre
Soudain le Sphinx-tête-de-Mort
Passe et dit : « Tu seras cadavre. »

LA TOITURE EN ARDOISES

A Louis Bernard.

La vieille toiture en ardoises
Étincelle dès le matin
Sur le coteau qui sent le thym
Et qui plaît aux chèvres narquoises.

Au temps des vipères sournoises,
Et jusqu'après la Saint-Martin,
La vieille toiture en ardoises
Étincelle dès le matin.

Et dans la saison des framboises,
On voit luire au fond du lointain,
Avec l'éclair noir du satin
Et le reflet bleu des turquoises,
La vieille toiture en ardoises.

VILLANELLE DU VER DE TERRE

Le malheureux ver de terre
Vil sans yeux, sans dents, tout nu,
Dans l'horreur et le mystère.

Tortueux comme une artère,
C'est un serpent mal venu,
Le malheureux ver de terre.

Jardinet de presbytère,
Et vieux parc entretenu
Dans l'horreur et le mystère

Tentent par leur ombre austère
Et leur calme continu
Le malheureux ver de terre.

Il sait l'étang délétère
Et le buisson biscornu
Dans l'horreur et le mystère.

Reptile humble et sédentaire,
Dans son trajet si menu,
Le malheureux ver de terre

Fuit la poule solitaire
Et le pêcheur saugrenu
Dans l'horreur et le mystère.

Lorsque la chaleur altère
Le sol herbeux ou chenu,
Le malheureux ver de terre,

Qui de plus en plus s'enterre,
Devient gros, rouge et charnu
Dans l'horreur et le mystère.

Et c'est le dépositaire
Des secrets de l'inconnu,
Le malheureux ver de terre
Dans l'horreur et le mystère.

LE LAIT DE SERPENT

A Fernand Icres.

Le serpent est si vieux, si voisin de la mort,
Qu'il ne sort presque plus de son triste repaire,
Où, n'ayant désormais que l'ennui pour compère,
Il végète enfoui comme un ancien remord.

A la longue sa faim s'irrite et s'exaspère,
Mais une herbe laiteuse et d'un facile abord
Nourrit l'infortuné reptile qui se tord,
Et lui verse l'oubli de son passé prospère.

Aussi, quand le soleil le galvanise un peu,
Il se traîne auprès d'elle en rampant comme il peut.
Et, tout las d'avoir fait ce voyage d'une aune,

Le pauvre vieux serpent famélique et gelé,
Avec des succions de vampire essoufflé,
Pompe et bibe le lait de la plante à fleur jaune.

LES SERPENTS

A Fernand Icres.

Auprès d'une rivière où des broussailles trempent,
Dans des chemins perdus, monticuleux et roux,
On les voit se traîner aux abords de leurs trous,
Onduleux chapelets de vertèbres qui rampent.

Oh, le serpent ! Le si fantastique animal
Qui surgit brusquement des feuilles ou des pierres
Et qui laisse couler de ses yeux sans paupières
La lueur magnétique et féroce du mal !

Car il a des regards aussi froids que des lames,
Qui tiennent en arrêt les moins épouvantés ;
Car il pompe l'oiseau de ses yeux aimantés
Et fait mourir de peur les crapauds et les femmes.

Hideux comme la Mort et beau comme Satan
Dont il est le mystique et ténébreux emblème,
Son apparition rend toujours l'homme blême :
C'est le fantôme auquel jamais on ne s'attend.

Et tandis que suant le crime et le mystère,
Tout un perfide essaim du monde végétal
Recèle inertement plus d'un venin fatal,
Il est le charrieur des poisons de la terre.

Le talus, le fossé, l'ornière, le buisson
Brillent de sa couleur étincelante et sourde ;
Et la couleuvre agile et la vipère lourde
Allument dans la brande un tortueux frisson.

Il en est dont la peau, comme dans les féeries,
Surprend l'œil ébloui par de tels chatoiements
Qu'on dirait, à les voir allongés et dormants,
Des rubans d'acier bleu lamés de pierreries.

Complices de la ronce et des cailloux coupants,
Ils habitent les prés, les taillis et les berges ;
Et l'on voit dans l'horreur des grandes forêts vierges
Maints troncs d'arbres rugueux cravatés de serpents.

Là, non loin du python qui fait sa gymnastique,
Le boa, par un ciel rutilant et soufré,
Digère à demi mort quelque buffle engouffré
Dans l'abîme visqueux de son corps élastique.

En hiver le serpent s'encave dans les rocs ;
Il va s'ensevelir au creux pourri de l'arbre,
Ou roule en bracelet son pauvre corps de marbre
Sous les tas de fumier que piétinent les coqs.

Mais après les frimas, la neige et les bruines,
Il gagne les ravins et le bord des torrents ;
Il remonte le dos écumeux des courants
Et grimpe, ainsi qu'un lierre, aux vieux murs en ruines.

Comme un convalescent par les midis bénins,
Parfois il se hasarde et rôde à l'aventure,
Impatient de voir s'embraser la nature
Pour mieux inoculer ses terribles venins.

Alors du fouillis d'herbe au monceau de rocailles,
Bougeur sobre et muet, sournois et cauteleux,
Il rampe avec lenteur et s'arrête frileux
Sous le soleil cuisant qui fourbit ses écailles.

Solitaire engourdi qu'endort l'air étouffant,
Il écoute passer la brise insaisissable ;
Et les crépitements d'insectes sur le sable
Bercent son sommeil long comme un sommeil d'enfant.

Réveillé, le voilà comme une ombre furtive
Qui se dresse en dardant ses crochets à demi,
Et qui, devant la proie ou devant l'ennemi,
Siffle comme la bise et la locomotive.

Mais il aime le sol et la lumière ; il est
Le frôleur attendri des menthes et des roses ;
Sa colère se fond dans la douceur des choses,
Et cet empoisonneur est un buveur de lait.

LES SERPENTS.

Aussi l'infortuné reptile mélomane
Qui se tord sous le poids de sa damnation
M'inspire moins d'effroi que de compassion :
J'aime ce réprouvé d'où le vertige émane.

Et quand j'erre en scrutant le mystère de l'eau
Qui frissonne et qui luit dans la pénombre terne,
J'imagine souvent au fond d'une caverne
Les torpides amours du Cobra-Capello.

BALLADE DES LÉZARDS VERTS

A Saint-Paul Bridoux.

Quand le soleil dessèche et mord le paysage,
On a l'œil ébloui par les bons lézards verts :
Ils vont, longue émeraude ayant corps et visage,
Sur les tas de cailloux, sur les rocs entr'ouverts,
Et sur les hauts talus que la mousse a couverts.
Ils sont stupéfiés par la température ;
Près d'eux, maint oiselet beau comme une peinture,
File sur l'eau dormante et de mauvais conseil ;
Et le brin d'herbe étreint d'une frêle ceinture
Leurs petits flancs peureux qui tremblent au soleil.

Puis, ils gagnent après tous leurs circuits d'usage
Les abords des lavoirs toujours si pleins de vers ;
Aux grands arbres feuillus qui font le tamisage
De l'air en feu stagnant sur tant de points divers,
Ils préfèrent les houx chétifs et de travers.
Lazzaroni frileux des jardins sans culture,
Côtoyeurs du manoir et de la sépulture,
Ils s'avancent furtifs et toujours en éveil,
Dès qu'un zéphyr plus frais lèche par aventure
Leurs petits flancs peureux qui tremblent au soleil.

Par les chemins brûlés, avides d'arrosage,
Et dans les taillis bruns où cognent les piverts,
Ils s'approchent de l'homme, et leur aspect présage
Quelque apparition du reptile pervers
Qui s'enfle de poisons pendant tous les hivers.
Un flot de vif-argent court dans leur ossature
Quand ils veulent s'enfuir ou bien chercher pâture ;
Mais parfois, aplatis dans un demi-sommeil,
Ils réchauffent longtemps, sans changer de posture,
Leurs petits flancs peureux qui tremblent au soleil.

ENVOI.

O Crocodile ! Œil faux ! Mâchoire de torture,
Apprends que je suis fou de la miniature.
Oui ! J'aime les lézards, et, dans le jour vermeil,
J'admire, en bénissant l'Auteur de la nature,
Leurs petits flancs peureux qui tremblent au soleil.

L'IDIOT

L'idiot vagabond qui charme les vipères
Clopine tout le jour infatigablement,
Au long du ravin noir et du marais dormant,
Là-bas où les aspics vont par troupes impaires.

Quand l'automne a teinté les verdures prospères,
L'œil fixe, avec un triste et doux balancement,
L'idiot vagabond qui charme les vipères
Clopine tout le jour infatigablement.

Les serpents endormis, au bord de leurs repaires,
Se réveillent en chœur à son chantonnement,
Et venant y mêler leur grêle sifflement
Suivent dans les chemins, comme de vieux compères,
L'idiot vagabond qui charme les vipères.

LA CORNEMUSE

Sa cornemuse dans les bois
Geignait comme le vent qui brame
Et jamais le cerf aux abois,
Jamais le saule ni la rame,
N'ont pleuré comme cette voix.

Ces sons de flûte et de hautbois
Semblaient râlés par une femme.
Oh ! près du carrefour des croix,
    Sa cornemuse !

Il est mort. Mais, sous les cieux froids,
Aussitôt que la nuit se trame,
Toujours, tout au fond de mon âme,
Là, dans le coin des vieux effrois,
J'entends gémir, comme autrefois,
    Sa cornemuse.

LA LANTERNE

Entre la ronce et la caverne
Un curé va pieusement ;
Il porte le saint-sacrement
Au moribond de la taverne.

Devant ses pas une citerne
Ébauche un affreux bâillement :
Entre la ronce et la caverne
Un curé va pieusement.

Mais voilà que dans la nuit terne
Une étoile subitement
Se décroche du firmament,
Et fait l'office de lanterne
Entre la ronce et la caverne

LE CHANT DU COQ

Un lugubre coquerico
Retentit soudain sur le chaume.
Or la nuit qui jamais ne chôme
Commence à faire son tricot

Rouge comme un coquelicot,
Le soleil ferme son royaume.
Un lugubre coquerico
Retentit soudain sur le chaume.

Et Jean hâte son bourriquot,
Car le coq du clocher fantôme
Ouvre ses deux ailes de gnome ;
Et c'est lui qui jette à l'écho
Un lugubre coquerico.

LES ROCS

A Victor Hugo.

Par delà les blés noirs, les froments et les seigles,
Loin des terrains boisés, poudreux, herbus et mous,
Au bord d'une rivière aux écumeux remous,
Ils songent, familiers des lézards et des aigles.

Aspect fantomatique, inertie et stupeur,
Jeunesse qui survit à des milliers d'années,
Silence des cœurs morts et des âmes damnées,
Ils ont tout ce qui trouble et tout ce qui fait peur.

La rivière qui hurle et moutonne à leur base
Leur devient un miroir torrentueux et fou,
Et, quand l'hiver la fait déborder de son trou,
Les cravache d'écume et les gifle de vase.

Au mois où le zéphyr plein de suavité
Emporte les parfums de la fleur qu'il balance,
L'aspic y vient montrer sa tête en fer de lance
Au bord de la fissure et de la cavité.

Anxieux, dans la brume, on dirait qu'ils attendent
Je ne sais quel départ aux mystiques adieux;
N'ont-ils pas l'air de voir? Et cependant point d'yeux;
Point d'oreilles : pourtant l'on dirait qu'ils entendent.

Et, colosses navrés de ce pays affreux,
Ils alarment au loin les vallons et les côtes,
Car le cri des hiboux, leurs invisibles hôtes,
Est la funèbre voix qui sanglote pour eux.

Groupés là comme un tas de monstrueuses bêtes,
Ils veillent tristement, les horribles rochers,
Que le soleil les brûle ou qu'ils soient accrochés
Par les feux zigzagueurs et grondants des tempêtes!

L'un dont la pointe oblongue imite un coutelas,
Et dont chaque lézarde a l'air d'une blessure,
Rongé de champignons, d'herbe et de moisissure,
Se penche avec un air effroyablement las.

Un autre figurant un couvercle de bière
Qui serait tout debout sous les grands cieux pensifs,
Fait tinter par instants sur les feuilles des ifs
L'éternel suintement des larmes de la pierre.

Et tous, diversement lépreux et bossués,
Rendent la solitude encore plus déserte,
Et par leur seul aspect qui glace et déconcerte,
Disent leurs maux soufferts et leurs ennuis sués.

LE MARTIN-PÊCHEUR

A Henri Oulevay.

Le miroitement des eaux vives
Attire le Martin-Pêcheur
Qui fend la brume et la blancheur
Mieux que les merles et les grives.

Entre les grands saules des rives,
Au bord du ruisseau rabâcheur,
Le miroitement des eaux vives
Attire le Martin-Pêcheur.

Et sous les ramures plaintives,
Dans le soleil, dans la fraîcheur,
Il file, ce joli chercheur,
Rasant de ses lueurs furtives
Le miroitement des eaux vives.

LE PETIT PIERROT

Entre les fils du télégraphe
Un pierrot siffle son refrain.
Le soir tombe : le ciel serein
Est vitreux comme une carafe.

Nul éclair ne met son paraphe
Au fond de l'horizon chagrin.
Entre les fils du télégraphe
Un pierrot siffle son refrain.

Comme il sautille ! Comme il piaffe !
Mais comme il file avec entrain,
Dès que la machine du train
Montre son grand cou de girafe
Entre les fils du télégraphe !

LES GRIVES

A Joseph de Brettes.

Dans la vigne escarpée où maint pommier sauvage
Crispe sur l'horizon ses bras tors et rugueux,
Elles viennent s'abattre avec des vols fougueux,
Cherchant la solitude et le friand breuvage.

Or, sachant qu'avant peu l'on voudra vendanger,
Et qu'il faudra bientôt que les pommes s'en aillent,
Les grives, sans tarder, s'installent et ripaillent
Au milieu d'une odeur d'angoisse et de danger :

Car, malgré ce beau ciel dont l'azur se déplisse,
Peut-être qu'un milan plane dans l'air qui dort,
Et qu'un fusil rouillé cache un éclair de mort
Derrière le buisson qui lui sert de complice.

Qu'importe? Les raisins bannissent leurs effrois.
D'ailleurs, le pays triste et d'une âpre ossature
Est désert, aux trois quarts en friche, et se sature
Du mystère embrumé qui sort des ravins froids.

Alors, se rassurant avec des cris folâtres,
La troupe s'éparpille et tous ces jolis becs,
Ensemble, à petits coups saccadés, drus et secs,
Piochent avidement dans les feuilles rougeâtres.

Mille oiseaux picoreurs, leurs amis coutumiers,
S'en vont papillonner autour de ces coquettes
Qui, telles qu'un volant fouetté par les raquettes,
Ont de gais va-et-vient des pampres aux pommiers.

Sur les branches qui sont leurs mouvantes alcôves,
Elles font la risette aux merles déjà saouls,
Et montrent au pivert qui les lorgne en dessous
Leur petit ventre blanc semé de taches fauves.

En vain l'écho du gouffre apporte jusqu'en haut
Le fracas de la Creuse au loin battant ses rives,
Le tapage des geais, des merles et des grives
Couvre ce grand murmure et remplit le coteau.

Et tout cela se cogne aux vieux échalas maigres
En piétinant des peaux de raisins verts et bleus,
Et sur l'arbre, ou par terre, en quelque trou sableux,
Fouille jusqu'aux pépins la chair des pommes aigres.

Mais déjà les oiseaux, à force de pinter,
N'ont plus cet œil perçant qui vous voit d'une lieue,
Et le dandinement moins souple de la queue
Annonce que leur vin commence à fermenter.

On dirait maintenant de mauvais acrobates
Qui marchent sur le ventre, un barreau dans le cou ;
L'ivresse qui les prend leur met du même coup
De la colle sur l'aile et du plomb dans les pattes.

Et lorsque le soleil éclabousse de sang
Le sommet de la côte où broutent les ânesses,
Enfin, n'en pouvant plus, les grives ivrognesses
Trouvent le sol fugace et le rameau glissant.

Adieu bombance ! Adieu l'orgie et les roulades !
Tout tourne et se confond en leur petit cerveau.
Elles vont dans le soir comme dans un caveau
Avec des rampements et des dégringolades.

Et tandis que la nuit apprête son fusain,
Chacune au pied du cep ou sur le haut de l'arbre
Ferme l'œil et se tient comme un oiseau de marbre.
On vole en titubant vers le taillis voisin.

Et maintenant qu'aux cieux a tinté l'heure brune,
Les grives ont sommeil et vont cuver sans bruit
Tout ce cidre et ce vin bus à même le fruit,
Dans la fraîcheur de l'ombre où rit le clair de lune.

LES CHEVEUX CHAMPÊTRES

A Lucien Grellety.

En plein air, sans une épingle,
Ils aiment à paresser,
Et la brise qui les cingle
A l'air de les caresser.
Ils vont sous les branches torses
Des vieux chênes roux et bruns,
Et la feuille et les écorces
Les grisent de leurs parfums.

Dans la campagne déserte,
Au fond des grands prés muets,
Ils dorment dans l'herbe verte
Et se coiffent de bluets ;
Le soleil les importune,
Mais ils aiment loin du bruit
Le glacis du clair de lune
Et les frissons de la nuit.

Comme les rameaux des saules
Se penchant sur les marais,
Ils flottent sur ses épaules,
A la fois tristes et frais.
Quand, plus frisés que la mousse,
Ils se sont éparpillés,
On dirait de l'or qui mousse,
Autour des blancs oreillers.

LE VENT D'ÉTÉ

A Léon Tillot.

Le vent d'été baise et caresse
La nature tout doucement :
On dirait un souffle d'amant
Qui craint d'éveiller sa maîtresse.

Bohémien de la paresse,
Lazzarone du frôlement,
Le vent d'été baise et caresse
La nature tout doucement.

Oh ! quelle extase enchanteresse
De savourer l'isolement,
Au fond d'un pré vert et dormant
Qu'avec une si molle ivresse
Le vent d'été baise et caresse !

BALLADE DES NUAGES

A Armand Dayot.

Tantôt plats et stagnants comme des étangs morts,
On les voit s'étaler en flocons immobiles
Ou ramper dans l'azur ainsi que des remords ;
Tantôt comme un troupeau fuyard de bêtes viles,
Ils courent sur les bois, les ravins et les villes ;
Et l'arbre extasié tout près de s'assoupir,
Et les toits exhalant leur vaporeux soupir
Qui les rejoint dans une ascension ravie,
Regardent tour à tour voyager et croupir
Les nuages qui sont l'emblème de la vie.

Plafonds chers aux corbeaux diseurs de mauvais sorts,
Ils blessent l'œil de l'homme et des oiseaux serviles.
Mais les aigles hautains prennent de longs essors
Vers eux, les maëlstroms, les écueils et les îles
D'océans suspendus dans les hauteurs tranquilles.
Après que la rafale a cessé de glapir,
Ils reviennent, ayant pour berger le zéphyr
Qui les laisse rôder comme ils en ont envie,
Et l'aube ou le couchant se met à recrépir
Les nuages qui sont l'emblème de la vie.

Avec leurs gris, leurs bleus, leurs vermillons, leurs ors,
Ils figurent des sphinx, des monceaux de fossiles,
Des navires perdus, de magiques décors.
Et de grands moutons noirs et blancs, fiers et dociles,
Qui vaguent en broutant par des chemins faciles ;
Gros des orages sourds qui viennent s'y tapir,
Ils marchent lentement ou bien vont s'accroupir
Sur quelque montagne âpre et qu'on n'a pas gravie ;
Mais tout à coup le vent passe et fait déguerpir
Les nuages qui sont l'emblème de la vie.

ENVOI

O Mort ! Divinité de l'éternel dormir,
Tu sais bien, toi par qui mon cœur s'use à gémir
Et dont l'appel sans cesse au tombeau me convie,
Que je n'ai jamais pu contempler sans frémir
Les nuages qui sont l'emblème de la vie.

LES VIEILLES HAIES

A Edmond Haraucourt.

Fauves, couvant l'horreur, le mystère et l'ennui,
Tantôt pleines de jour, tantôt pleines de nuit,
    De murmures et de silences ;
Hostiles au toucher comme des hérissons,
Elles sont là, mêlant à d'éternels frissons
    D'interminables somnolences.

Elles ont l'attitude et la couleur des bois :
Aubépines, genêts, fougères, et parfois
    Un panache de chèvrefeuille
Leur donnent une odeur suave à respirer;
Leurs fruits? c'est le hasard qui les fait prospérer,
    Et c'est le merle qui les cueille.

Elles sont un écran pour le sentier poudreux,
Un abri pour le pâtre, et pour les amoureux
    Le lieu des rendez-vous fidèles.
Et quand l'ombre noircit la plaine et le ravin,
La nonne lavandière et le mauvais devin
    Dialoguent à côté d'elles.

Tous les anciens buissons poussent dru, haut et droit,
Comme aussi, bien souvent, ils penchent, et l'on voit
    Sous l'azur clair ou qui se fronce,
Au-dessus du ruisseau chuchoteur ou dormant,
La courbure agressive et l'échevèlement
    Épouvantable de la ronce.

Rarement effleurés par les beaux papillons,
Ils sont le labyrinthe aimé des vieux grillons ;
    Plus d'une cigale en tristesse
Y hasarde un son maigre et que l'âge a faussé ;
Grenouilles et crapauds visitent leur fossé,
    Et la couleuvre est leur hôtesse.

Hélas ! dans ces fouillis qu'elle connaît si bien
Cette sournoise ourdit son muet va-et-vient
    Que maint sifflement entrecoupe ;
Malheur au nid d'oiseau ! L'ogresse à pas tordus
Se hisse pour biber les œufs tout frais pondus
    Dans la pauvre petite coupe.

A la longue, parfois, ces grands buissons affreux
Ont bu tous les venins que vont baver sur eux
    L'aspic et la vipère noire :
Aussi, lorsque l'été réchauffeur des déserts
Promène au fond des trous, sur l'onde et dans les airs
    Son invisible bassinoire,

La haie empoisonnée, après son long sommeil,
Étire ses rameaux qui s'enflent au soleil
      Comme autant de bêtes squammeuses ;
Et contre les troupeaux sveltes et capricants
Elle se dresse, armée, avec tous ses piquants,
      D'innombrables dents venimeuses.

Dans la pourpre de l'aube ou des soleils couchants,
Au bord des bois, des lacs, des vignes et des champs,
      Des prés ou des châtaigneraies,
L'habitant du ravin, du val et des plateaux
Vénère à son insu ces sombres végétaux :
      Car, à la fin, les vieilles haies,

A force d'avoir vu tant de piétons bourbeux,
D'ânes et de moutons, de vaches et de bœufs,
      Ont, comme les très vieux visages,
Pris un air fantomal, prophétique, assoupi,
Qui sur le chemin neuf et le mur recrépi
      Jette un reflet des anciens âges.

LA BICHE

La biche brame au clair de lune
Et pleure à se fondre les yeux :
Son petit faon délicieux
A disparu dans la nuit brune.

Pour raconter son infortune
A la forêt de ses aïeux,
La biche brame au clair de lune
Et pleure à se fondre les yeux.

Mais aucune réponse, aucune,
A ses longs appels anxieux !
Et le cou tendu vers les cieux,
Folle d'amour et de rancune,
La biche brame au clair de lune.

LES PETITS FAUTEUILS

A Albert Delpit.

Assis le long du mur dans leurs petits fauteuils,
Les deux babys chaussés de bottinettes bleues,
Regardent moutonner des bois de plusieurs lieues
Où l'automne a déjà tendu ses demi-deuils.

Auprès du minet grave et doux comme un apôtre,
Côte à côte ils sont là, les jumeaux ébaubis,
Tous deux si ressemblants de visage et d'habits
Que leur mère s'y trompe et les prend l'un pour l'autre.

Aussi, sur le chemin, la bergère en sabots
S'arrête pour mieux voir leurs ivresses gentilles
Qu'un barrage exigu, fixé par deux chevilles,
Emprisonne si peu dans ces fauteuils nabots.

Avec l'humidité de la fleur qu'on arrose,
Leur bouche de vingt mois montre ses dents de lait,
Ou se ferme en traçant sur leur minois follet
Un accent circonflexe adorablement rose.

Leurs cheveux frisottés où la lumière dort
Ont la suavité vaporeuse des nimbes,
Et, sur leurs fronts bénis par les anges des limbes,
S'emmêlent, tortillés en menus crochets d'or.

Parfois, en tapotant de leurs frêles menottes
La planchette à rebords où dorment leurs pantins,
Ils poussent des cris vifs, triomphants et mutins,
Avec l'inconscience exquise des linottes.

Tout ravis quand leurs yeux rencontrent par hasard
La mouche qui bourdonne et qui fait la navette,
On les voit se pâmer, rire, et sur leur bavett
Saliver de bonheur à l'aspect d'un lézard.

En inclinant vers eux ses clochettes jaspées,
Le liseron grimpeur du vieux mur sans enduit
Forme un cadre odorant qui bouge et qui bruit
Autour de ces lutins en robes de poupées.

Et tandis que venu des horizons chagrins,
Le zéphyr lèche à nu leurs coudes à fossettes,
L'un s'amuse à pincer ses petites chaussettes,
Et l'autre, son collier d'ivoire aux larges grains.

La poule, sans jeter un gloussement d'alarme,
Regarde ses poussins se risquer autour d'eux,
Et le chien accroupi les surveille tous deux
D'un œil mélancolique où tremblote une larme.

La campagne qui meurt paraît vouloir mêler
Son râle d'agonie à leurs frais babillages;
Maint oiselet pour eux retarde ses voyages,
Et dans un gazouillis semble les appeler.

Le feuillage muet qui perd ses découpures,
En les voyant, se croit à la saison des nids;
Et la flore des bois et des étangs jaunis
Souffle son dernier baume à leurs narines pures.

Mais voilà que chacun, penchant son joli cou,
Ferme à demi ses yeux dont la paupière tremble;
Une même langueur les fait bâiller ensemble
Et tous deux à la fois s'endorment tout à coup :

Cependant qu'au-dessus de la terre anxieuse
Le soleil se dérobe au fond des cieux plombés
Et que le crépuscule, embrumant les bébés,
Verse à leur doux sommeil sa paix silencieuse.

LE BABY

A Georges Nardin.

Frais comme l'herbe qui pousse,
Dans la ferme où je me plus,
Le baby suçait son pouce.

Le merle qui se trémousse
Dans les buissons chevelus
Frais comme l'herbe qui pousse,

Le roc où l'éclair s'émousse
L'attiraient; roi des joufflus,
Le baby suçait son pouce.

Il se roulait dans la mousse
Et grimpait sur les talus
Frais comme l'herbe qui pousse.

Longtemps, devant la frimousse
Des petits ânons poilus,
Le baby suçait son pouce.

La flaque où l'on s'éclabousse
Tentait ses pieds résolus
Frais comme l'herbe qui pousse.

Près du chat qui se courrouce
Et des bons vieux chiens goulus,
Le baby suçait son pouce.

Oh! dans l'eau de son qui mousse
Les pourceaux hurluberlus
Frais comme l'herbe qui pousse!

Il suivait tout ce qui glousse,
Et devant les bœufs râblus,
Le baby suçait son pouce.

A la voix lointaine et douce
D'un glas ou d'un angélus,
Frais comme l'herbe qui pousse,

Dans la nuit vitreuse et rousse,
Sous les chênes vermoulus,
Le baby suçait son pouce.

Mais la mort vient et nous pousse!
Il fut un de ses élus
Frais comme l'herbe qui pousse.

Un jour on me dit : « Il tousse. »
Pourtant, chétif et perclus,
Le baby suçait son pouce.

La mort le prit sans secousse :
Et jaune, hélas! n'étant plus
Frais comme l'herbe qui pousse,
Le baby suçait son pouce.

BALLADE DU CHATAIGNIER ROND

Le râle de genêts croassait dans les prés
Comme un peigne qu'on racle au milieu du mystère ;
Le soir décolorait les arbres effarés,
Et lentement la Lune, au ras du ciel austère,
Se recourbait en arc ainsi qu'un cimeterre.
C'est alors que, tout seul dans la vallée, au bruit
Du crapaud des étangs qui flûtait son ennui,
Par les taillis scabreux, les labours et le chaume,
Je m'en allais parfois rêver jusqu'à minuit
Sous le châtaignier rond dressé comme un fantôme.

Aux bêlements lointains des moutons égarés,
Plus fatidiquement qu'un glas de monastère,
Le chat-huant mêlait ses sanglots acérés,
Si tristes, qu'un frisson de peur involontaire
Vous prend, lorsqu'un mauvais écho les réitère.
C'était l'heure des loups que le sorcier conduit ;
De la voix qui vous hèle, et du pas qui vous suit ;
Le grillon n'avait plus qu'un murmure d'atome ;
Et la mousse enchâssait le petit ver qui luit
Sous le châtaignier rond dressé comme un fantôme.

Le court vacillement des farfadets soufrés
Annonçant des esprits qui revenaient sur terre,
Dansait au bout des joncs des chemins engouffrés;
Puis, à la longue, tout finissait par se taire,
Et le silence entrait dans la nuit solitaire.
Et j'oubliais la tombe où la Mort nous réduit
En cendres! J'oubliais le monde qui me nuit;
Le sommeil des buissons me charriait son baume,
Et je m'évaporais avec le vent qui fuit
Sous le châtaignier rond dressé comme un fantôme.

ENVOI

Princesse de mon cœur, si, par un cas fortuit,
Je meurs à la campagne, ordonne que celui
Qui vissera sur moi le long couvercle en dôme
M'emporte par la brande et m'enterre, la nuit,
Sous le châtaignier rond dressé comme un fantôme.

LE MOULIN

Tic tac, tic tac! Le moulin sonne,
Enfariné par tous les bouts,
Près du donjon plein de hiboux,
Dans la verdure qui frisonne.

Au bord du torrent qui façonne
Les joncs hauts comme des bambous,
Tic tac, tic tac! le moulin sonne,
Enfariné par tous les bouts.

L'âne qu'un rien caparaçonne,
Suit dans l'herbe et le long des trous
Le meunier si blême et si roux
Qu'on dirait Pierrot en personne :
Tic tac, tic tac! le moulin sonne.

LE BRUIT DE L'EAU

Chanson neuve et toujours la même
Que la rivière dit au vent,
A l'objet inerte et mouvant,
Au soir brun comme au matin blême.

Pour moi, tu n'es pas un emblème
Du bruit humain si décevant,
Chanson neuve et toujours la même
Que la rivière dit au vent.

Dans la solitude que j'aime
Tu berces mon esprit rêvant,
Et tu m'apaises bien souvent
Quand je grince ou quand je blasphème,
Chanson neuve et toujours la même.

LES MARNIÈRES

Les marnières mornes et creuses
Sont les gouffres jaunes des champs.
Jamais de reptiles méchants
Dans ces caves si peu pierreuses!

Mais pour les grenouilles peureuses
Quels marécages alléchants!
Les marnières mornes et creuses
Sont les gouffres jaunes des champs.

L'aube y met ses clartés heureuses,
Ses voix, ses rires et ses chants;
Et par les beaux soleils couchants,
Elles ont des rougeurs ocreuses,
Les marnières mornes et creuses.

LE RAVIN DES COQUELICOTS

A Jules Breton.

Dans un creux sauvage et muet
Qui n'est pas connu du bluet
Ni de la chèvre au pied fluet
    Ni de personne,
Loin des sentiers des bourriquots,
Loin des bruits réveilleurs d'échos,
Un fouillis de coquelicots
    Songe et frissonne.

Autour d'eux, d'horribles étangs
Ont des reflets inquiétants ;
A peine si, de temps en temps,
    Un lézard bouge
Entre les genêts pleins d'effroi
Et les vieux buis amers et froids
Qui fourmillent sur les parois
    Du ravin rouge.

Le ciel brillant comme un vitrail
N'épand qu'un jour de soupirail
Sur leurs lamettes de corail
  Ensorcelées,
Mais dans la roche et le marais
Ils sont écarlates et frais
Comme leurs frères des forêts
  Et des vallées.

Ils bruissent dans l'air léger
Sitôt que le temps va changer,
Au moindre aquilon passager
  Qui les tapote,
Et se démènent tous si fort
Sous le terrible vent du Nord
Qu'on dirait du sang qui se tord
  Et qui clapote.

En vain, descendant des plateaux
Et de la cime des coteaux,
Sur ces lumineux végétaux
  L'ombre se vautre,
Dans un vol preste et hasardeux,
Des libellules deux à deux
Tournent et vibrent autour d'eux
  L'une sur l'autre.

Frôlés des oiseaux rabâcheurs
Et des sidérales blancheurs,
Ils poussent là dans les fraîcheurs
    Et les vertiges,
Aussi bien que dans les sillons ;
Et tous ces jolis vermillons
Tremblent comme des papillons
    Au bout des tiges.

Leur chaude couleur de brasier
Réjouit la ronce et l'osier ;
Et le reptile extasié,
    L'arbre qui souffre,
Les rochers noirs privés d'azur
Ont un air moins triste et moins dur
Quand ils peuvent se pencher sur
    Ces fleurs du gouffre.

Les carmins et les incarnats,
La pourpre des assassinats,
Tous les rubis, tous les grenats
    Luisent en elles ;
C'est pourquoi, par certains midis,
Leurs doux pétales attiédis
Sont le radieux paradis
    Des coccinelles.

L'ENTERREMENT D'UNE FOURMI

Au bon La Fontaine.

Les Fourmis sont en grand émoi :
L'âme du nid, la reine est morte !
Au bas d'une très vieille porte,
Sous un chêne, va le convoi.

Le vent cingle sur le sol froid
La nombreuse et fragile escorte.
Les fourmis sont en grand émoi :
L'âme du nid, la reine est morte !

Un tout petit je ne sais quoi
Glisse, tiré par la plus forte :
C'est le corbillard qui transporte
La défunte au caveau du roi.
Les fourmis sont en grand émoi !

SOUVENIR DE LA CREUSE

Tandis qu'au soleil lourd la campagne d'automne
Filait inertement son rêve de stupeur,
Nous traversions la brande aride et monotone
Où le merle envahi du spleen enveloppeur
Avait un vol furtif et tremblotant de peur.
Nous longions un parage, un taillis, une vigne ;
Puis au fond du ravin que la ronce égratigne
Apparaissait la Creuse aux abords malaisés :
Alors tu t'asseyais, et j'apprêtais ma ligne
A l'ombre des coteaux rocailleux et boisés.

Lorsque j'avais trouvé dans l'onde qui moutonne,
Près d'un rocher garni d'écume et de vapeur,
L'endroit où le goujon folâtre et se cantonne,
Je fouettais le courant de mon fil agrippeur,
Et bientôt le poisson mordait l'appât trompeur.
Toi, sous un châtaignier majestueux et digne,
Aux coincoins du canard qui nageait comme un cygne,
Rêveuse, tu croquais des sites apaisés ;
Et je venais te voir quand tu me faisais signe,
A l'ombre des coteaux rocailleux et boisés.

Par des escarpements que le lierre festonne,
Un meunier s'en allait sur son baudet grimpeur;
Des roulements pareils à ceux d'un ciel qui tonne
S'ébauchaient; le pivert au bec dur et frappeur
Poussait un cri pointu dans l'air plein de torpeur.
Et nous, sans redouter la vipère maligne,
Avec des mots d'amour que le regard souligne,
Ayant pour seuls témoins les lézards irisés,
Nous causions tendrement sur la mousse bénigne,
A l'ombre des coteaux rocailleux et boisés.

ENVOI.

O toi qui m'as grandi par ta candeur insigne,
Partout mon souvenir te cherche et te désigne;
Et j'évoque le temps où j'avais les baisers
De ta bouche d'enfant, fraîche et couleur de guigne,
A l'ombre des coteaux rocailleux et boisés.

LA PIPE

A Camille Pelletan.

Quand l'uniformité m'écœure,
Dans la rue ou dans la maison,
Que de fois pour nuager l'heure
Je savoure ton cher poison !

O ma coupe de nicotine,
Mon regard jubile en suivant
Ta fumée errante et lutine
Comme l'onde et comme le vent !

Quel doux philtre dans ces bouffées
Que j'aspire par ton cou noir !
Seul avec toi, je vois des fées
Dansant au sommet d'un manoir.

Humant ton odeur tabagique
Plus subtile que des parfums,
Au milieu d'un rêve magique,
J'évoque mes amis défunts ;

Et ma spectrale bien-aimée,
Avec son regard alarmant,
Sur tes spirales de fumée
Flotte mystérieusement.

Ton brouillard est l'escarpolette
Qui berce mes jours et mes nuits;
Tu chasses comme une amulette
Mes cauchemars et mes ennuis.

Et je cuis mon dégoût du monde
Dans ton fourneau large et profond :
Je trouve l'homme moins immonde
En te fumant, l'œil au plafond.

Tu montres à ma fantaisie
Qui s'enveloppe d'un linceul,
Des horizons de poésie
Où le vers s'ébauche tout seul;

Et pour moi ta saveur bénie,
Délicieuse d'âcreté,
Conserve en sa monotonie
Une éternelle nouveauté !

BALLADE DES BARQUES PEINTES

A Boudouresque.

Elles meurent de spleen, à l'ombre des maisons,
Les chaloupes de mer qui vacillent sans trêve,
Et qui voudraient tenter aux plus creux horizons,
Loin des miasmes chauds et stagnants de la grève,
Le gouffre qui les tord, les happe et les enlève.
Aussi quand le pêcheur prend les avirons lourds,
Chacune en toute hâte arborant ses atours
Fuit le port engourdi plein de buveurs de pintes,
Et la brise ballonne et fait sur les flots sourds
Frémir la voile blanche au mât des barques peintes.

Elles ne songent guère aux noires trahisons
De l'Océan qui dort et de l'autan qui rêve.
Oh! quand elles n'ont plus la chaîne des prisons,
Comme l'air est exquis, l'eau verte et l'heure brève
Pourtant, il faut déjà rentrer : le jour s'achève.
Mais un brusque ouragan qui briserait des tours,
Plus fou qu'un tourbillon de cent mille vautours,
Se rabat sur la côte avec d'horribles plaintes,
Et la mouette en vain écoute aux alentours
Frémir la voile blanche au mât des barques peintes.

Hélas! leurs flancs menus, leurs fragiles cloisons
Craquent sous le nuage orageux qui se crève.
Comme un tas de serpents qui bavent leurs poisons,
Contre elles, chaque vague arrive et se soulève
Avec le bond du tigre et le tranchant du glaive.
Et tandis qu'au milieu des éclairs drus et courts
La nuit met sur la mer son masque de velours,
Le grand phare inquiet dans les clartés éteintes
Regarde, et ne voit pas, à l'heure des retours,
Frémir la voile blanche au mât des barques peintes.

ENVOI

Dame la Vierge! O vous, qui dans les mauvais jours
Donnez si promptement assistance et secours
A ceux que le danger cerne de ses étreintes,
Commandez que le vent guide et laisse toujours
Frémir la voile blanche au mât des barques peintes!

BALLADE DES MOUETTES

A Nadar.

En tas, poussant de longs cris aboyeurs
Aussi plaintifs que des cris de chouettes,
Autour des ports, sur les gouffres noyeurs,
Dans l'air salé s'ébattent les mouettes,
Promptes au vol comme des alouettes.
D'un duvet mauve et marqueté de roux,
Sur l'eau baveuse où le vent fait des trous,
On peut les voir se tailler des besognes
Et se risquer sous le ciel en courroux,
Pour nettoyer la mer de ses charognes.

Flairant les flots, sinistres charroyeurs,
Et les écueils noirs dont les silhouettes
Font aux marins de si grandes frayeurs,
Elles s'en vont avec des pirouettes
De-ci, de-là, comme des girouettes.
Dans les vapeurs vitreuses des temps mous
Où notre œil suit les effacements doux
Des mâts penchant avec des airs d'ivrognes,
Ces grands oiseaux rôdent sur les remous,
Pour nettoyer la mer de ses charognes.

Et quand les flots devenus chatoyeurs
Dorment bercés par les brises fluettes,
On les revoit, avides côtoyeurs,
Éparpillant leurs troupes inquiètes
Aux environs des falaises muettes.
En vain tout rit, le brouillard s'est dissous ;
Ces carnassiers qui ne sont jamais soûls
Ouvrent encor leurs ailes de cigognes
Sur les galets polis comme des sous,
Pour nettoyer la mer de ses charognes.

ENVOI

Vautour blafard, fouilleur des casse-cous,
Toi dont le bec donne de si grands coups
Dans les lambeaux pourris où tu te cognes,
Viens là ! Tes sœurs t'y donnent rendez-vous,
Pour nettoyer la mer de ses charognes

PAYSAGE D'OCTOBRE

A Georges Jeanniot.

Le torrent a franchi ses bords
Et gagné la pierraille ocreuse ;
Le meunier longe avec efforts
L'ornière humide qui se creuse.
Déjà le lézard engourdi
Devient plus frileux d'heure en heure ;
Et le soleil du plein midi
Est voilé comme un œil qui pleure.

Les nuages sont revenus,
Et la treille qu'on a saignée
Tord ses longs bras maigres et nus
Sur la muraille renfrognée.
La brume a terni les blancheurs
Et cassé les fils de la vierge,
Et le vol des martins-pêcheurs
Ne frissonne plus sur la berge.

Les arbres se sont rabougris ;
La chaumière ferme sa porte,
Et le petit papillon gris
A fait place à la feuille morte.
Plus de nénuphars sur l'étang ;
L'herbe languit, l'insecte râle,
Et l'hirondelle en sanglotant
Disparaît à l'horizon pâle.

Près de la rivière aux gardons
Qui clapote sous les vieux aunes,
Le baudet cherche les chardons
Que rognaient si bien ses dents jaunes.
Mais comme le bluet des blés,
Comme la mousse et la fougère,
Les grands chardons s'en sont allés
Avec la brise et la bergère.

Tout pelotonné sur le toit
Que l'atmosphère mouille et plombe,
Le pigeon transi par le froid
Grelotte auprès de sa colombe ;
Et, tous deux, sans se becqueter,
Trop chagrins pour faire la roue,
Ils regardent pirouetter
La girouette qui s'enroue.

PAYSAGE D'OCTOBRE.

Au-dessus des vallons déserts
Où les mares se sont accrues,
A tire-d'aile, dans les airs
Passe le triangle des grues ;
Et la vieille, au bord du lavoir,
Avec des yeux qui se désolent,
Les regarde fuir et croit voir
Les derniers beaux jours qui s'envolent.

Dans les taillis voisins des rocs
La bécasse fait sa rentrée ;
Les corneilles autour des socs
Piétinent la terre éventrée,
Et, décharné comme un fagot,
Le peuplier morne et funèbre
Arbore son nid de margot
Sur le ciel blanc qui s'enténèbre.

LES SPECTRES

LES SPECTRES

LA PEUR

A Jules Barbey d'Aurevilly.

Aussitôt que le ciel se voile
Et que le soir, brun tisserand,
Se met à machiner sa toile
Dans le mystère qui reprend,

Je soumets l'homme à mon caprice,
Et, reine de l'ubiquité,
Je le convulse et le hérisse
Par mon invisibilité.

Si le sommeil clot sa paupière,
J'ordonne au cauchemar malsain
D'aller s'accroupir sur son sein
Comme un crapaud sur une pierre.

Je vais par son corridor froid,
A son palier je me transporte,
Et soudain, comme avec un doigt,
Je fais toc toc toc à sa porte.

Sur sa table, ainsi qu'un hibou,
Se perche une tête coupée
Ayant le sourire du fou
Et le regard de la poupée ;

Il voit venir à pas rampants
Une dame au teint mortuaire,
Dont les cheveux sont des serpents
Et dont la robe est un suaire.

Puis j'éteins sa lampe, et j'assieds
Au bord de son lit qui se creuse
Une forme cadavéreuse
Qui lui chatouille les deux pieds.

Dans le marais plein de rancune
Qui poisse et traverse ses bas,
Il s'entend appeler très bas
Par plusieurs voix qui n'en font qu'une.

Il trouve un mort en faction
Qui tourne sa prunelle mate
Et meut sa putréfaction
Avec un ressort d'automate.

Je montre à ses yeux consternés
Des feux dans les maisons désertes,
Et dans les parcs abandonnés,
Des parterres de roses vertes.

Il aperçoit en frémissant,
Entre les farfadets qui flottent,
Des lavandières qui sanglotent
Au bord d'une eau couleur de sang,

Et la vieille croix des calvaires
De loin le hèle et le maudit
En repliant ses bras sévères
Qu'elle dresse et qu'elle brandit.

Au milieu d'une plaine aride,
Sur une route à l'abandon,
Il voit un grand cheval sans bride
Qui dit : « Monte donc ! Monte donc ! »

Et seul dans les châtaigneraies,
Il entend le rire ligneux
Que les champignons vénéneux
Mêlent au râle des orfraies.

Par les nuits d'orage où l'Autan
Tord sa voix qui siffle et qui grince,
Je vais emprunter à Satan
Les ténèbres dont il est prince,

Et l'homme en cette obscurité
Tourbillonne comme un atome,
Et devient une cécité
Qui se cogne contre un fantôme.

Dans un vertige où rien ne luit
Il se précipite et s'enfourne,
Et jamais il ne se retourne,
Car il me sait derrière lui ;

Car, à son oreille écouteuse,
Je donne, en talonnant ses pas
La sensation chuchoteuse
De la bouche que je n'ai pas.

Par moi la Norme est abolie,
Et j'applique en toute saison
Sur la face de la Raison
Le domino de la Folie.

L'impossible étant mon sujet,
Je pétris l'espace et le nombre
Je sais vaporiser l'objet,
Et je sais corporiser l'ombre.

J'intervertis l'aube et le soir,
La paroi, le sol et la voûte ;
Et le Péché tient l'ostensoir
Pour la dévote que j'envoûte

LA PEUR

Je fais un vieux du nourrisson ;
Et je mets le regard qui tue
La voix, le geste et le frisson
Dans le portrait et la statue ;

Je dénature tous les bruits,
Je déprave toutes les formes,
Et je métamorphose en puits
Les montagnes les plus énormes.

Je brouille le temps et le lieu ;
Sous ma volonté fantastique
Le sommet devient le milieu,
Et la mesure est élastique.

J'immobilise les torrents,
Je durcis l'eau, je fonds les marbres,
Et je déracine les arbres
Pour en faire des Juifs-errants ;

Je mets dans le vol des chouettes
Des ailes de mauvais Esprits,
De l'horreur dans les silhouettes
Et du sarcasme dans les cris ;

Je comprime ce qui s'élance,
J'égare l'heure et le chemin,
Et je condamne au bruit humain
La bouche close du Silence ;

Avec les zigzags de l'éclair
J'écris sur le manoir qui tombe
Les horoscopes de la Tombe,
Du Purgatoire et de l'Enfer;

Je chevauche le catafalque;
Dans les cimetières mouvants
Je rends au nombre des vivants
Tous ceux que la mort en défalque;

Et par les carrefours chagrins,
Dans les brandes et les tourbières,
Je fais marcher de longues bières
Comme un troupeau de pèlerins;

Mais, le jour, je suis engourdie :
Je me repose et je m'endors
Entre ma sœur la Maladie
Et mon compère le Remords.

L'AMANTE MACABRE

A Charles Buet.

Elle était toute nue assise au clavecin ;
Et tandis qu'au dehors hurlaient les vents farouches
Et que Minuit sonnait comme un vague tocsin,
Ses doigts cadavéreux voltigeaient sur les touches.

Une pâle veilleuse éclairait tristement
La chambre où se passait cette scène tragique,
Et parfois j'entendais un sourd gémissement
Se mêler aux accords de l'instrument magique.

Oh ! magique en effet ! Car il semblait parler
Avec les mille voix d'une immense harmonie,
Si large qu'on eût dit qu'elle devait couler
D'une mer musicale et pleine de génie.

Ma spectrale adorée, atteinte par la mort,
Jouait donc devant moi, livide et violette,
Et ses cheveux si longs, plus noirs que le remord,
Retombaient mollement sur son vivant squelette.

Osseuse nudité chaste dans sa maigreur !
Beauté de poitrinaire aussi triste qu'ardente !
Elle voulait jeter, cet ange de l'Horreur,
Un suprême sanglot dans un suprême *andante*.

Auprès d'elle une bière en acajou sculpté,
Boîte mince attendant une morte fluette,
Ouvrait sa gueule oblongue avec avidité
Et semblait l'appeler avec sa voix muette.

Sans doute, elle entendait cet appel ténébreux
Qui montait du cercueil digne d'un sanctuaire,
Puisqu'elle y répondit par un chant douloureux
Sinistre et résigné comme un oui mortuaire !

Elle chantait : « Je sors des bras de mon amant.
« Je l'ai presque tué sous mon baiser féroce ;
« Et toute bleue encor de son enlacement,
« J'accompagne mon râle avec un air atroce !

« Depuis longtemps, j'avais acheté mon cercueil :
« Enfin ! Avant une heure, il aura mon cadavre ;
« La Vie est un vaisseau dont le Mal est l'écueil,
« Et pour les torturés la Mort est un doux havre.

« Mon corps sec et chétif vivait de volupté :
« Maintenant, il en meurt, affreusement phtisique ;
« Mais, jusqu'au bout, mon cœur boira l'étrangeté
« Dans ces gouffres nommés Poésie et Musique.

« Vous que j'ai tant aimés, hommes, je vous maudis!
« A vous l'angoisse amère et le creusant marasme!
« Adieu, lit de luxure, Enfer et Paradis,
« Où toujours la souffrance assassinait mon spasme.

« Réjouis-toi, Cercueil, lit formidable et pur
« Au drap de velours noir taché de larmes blanches,
« Car tu vas posséder un cadavre si dur
« Qu'il se consumera sans engluer tes planches.

« Et toi, poète épris du Sombre et du Hideux,
« Râle et meurs! Un ami te mettra dans la bière,
« Et sachant notre amour, nous couchera tous deux
« Dans le même sépulcre et sous la même pierre.

« Alors, de chauds désirs inconnus aux défunts
« Chatouilleront encor nos carcasses lascives,
« Et nous rapprocherons, grisés d'affreux parfums,
« Nos orbites sans yeux et nos dents sans gencives! »

Et tandis que ce chant de la fatalité
Jetait sa mélodie horrible et captivante,
Le piano geignait avec tant d'âpreté,
Qu'en l'écoutant, Chopin eût frémi d'épouvante.

Et moi, sur mon lit, blême, écrasé de stupeur,
Mort vivant n'ayant plus que les yeux et l'ouïe,
Je voyais, j'entendais, hérissé par la Peur,
Sans pouvoir dire un mot à cette Ève inouïe.

Et quand son cœur sentit son dernier battement,
Elle vint se coucher dans les planches funèbres ;
Et la veilleuse alors s'éteignit brusquement,
Et je restai plongé dans de lourdes ténèbres.

Puis, envertiginé jusqu'à devenir fou,
Croyant voir des Satans qui gambadaient en cercle,
J'entendis un bruit mat suivi d'un hoquet mou :
Elle avait rendu l'âme en mettant son couvercle¹

Et depuis, chaque nuit, — ô cruel cauchemar ! —
Quand je grince d'horreur, plus désolé qu'Électre,
Dans l'ombre, je revois la morte au nez camard,
Qui m'envoie un baiser avec sa main de spectre.

MADEMOISELLE SQUELETTE

A Paul Bilhaud.

Mademoiselle Squelette !
Je la surnommais ainsi :
Elle était si maigrelette !

Elle était de la Villette,
Je la connus à Bercy,
Mademoiselle Squelette.

Très ample était sa toilette,
Pour que son corps fut grossi :
Elle était si maigrelette !

Nez camard, voix aigrelette ;
Mais elle me plut ainsi,
Mademoiselle Squelette.

J'en fis la bizarre emplette.
Ça ne m'a pas réussi :
Elle était si maigrelette !

Elle aimait la côtelette
Rouge, et le vin pur aussi,
Mademoiselle Squelette.

Sa bouche un peu violette
Avait un parfum ranci,
Elle était si maigrelette !

Comme elle était très-follette,
Je l'aimai couci-couci,
Mademoiselle Squelette.

Au lit, cette femmelette
Me causa plus d'un souci :
Elle était si maigrelette !

Puis un jour je vis seulette,
L'œil par les pleurs obscurci,
Mademoiselle Squelette

Crachant une gouttelette
De sang très peu cramoisi :
Elle était si maigrelette !

Sa phtisie étant complète,
Elle en eut le cœur transi,
Mademoiselle Squelette.

Alors plus d'escarpolette ;
Plus un dimanche à Passy...
Elle était si maigrelette !

Sa figure verdelette
Faisait dire aux gens : « Voici
Mademoiselle Squelette ! »

Un soir, à l'espagnolette
Elle vint se pendre ici.
Elle était si maigrelette !

Horreur ! une cordelette
Décapitait sans merci
Mademoiselle Squelette :
Elle était si maigrelette !

LA MORTE EMBAUMÉE

A Joseph Carriès

Pour arracher la morte aussi belle qu'un ange
    Aux atroces baisers du ver,
Je la fis embaumer dans un boîte étrange.
    C'était par une nuit d'hiver :

On sortit de ce corps glacé, roide et livide,
    Ses pauvres organes défunts,
Et dans ce ventre ouvert aussi saignant que vide
    On versa d'onctueux parfums,

Du chlore, du goudron et de la chaux en poudre;
    Et quand il en fut tout rempli,
Une aiguille d'argent réussit à le coudre
    Sans que la peau fît un seul pli.

On remplaça ses yeux où la grande nature
    Avait mis l'azur de ses ciels
Et qu'aurait dévorés l'infecte pourriture,
    Par des yeux bleus artificiels.

L'apothicaire, avec une certaine gomme,
    Parvint à la pétrifier ;
Et quand il eut glapi, gai, puant le rogomme :
    « Ça ne peut se putréfier !

« J'en réponds. Vous serez troué comme un vieil arbre
    « Par les reptiles du tombeau,
« Avant que l'embaumée, aussi dure qu'un marbre,
    « Ait perdu le moindre lambeau ! »

Alors seul, je peignis ses lèvres violettes
    Avec l'essence du carmin,
Je couvris de bijoux, d'anneaux et d'amulettes
    Son cou svelte et sa frêle main.

J'entr'ouvris sa paupière et je fermai sa bouche
    Pleine de stupeur et d'effroi ;
Et, grave, j'attachai sa petite babouche
    A son pauvre petit pied froid.

J'enveloppai le corps d'un suaire de gaze,
    Je dénouai ses longs cheveux,
Et tombant à genoux je passai de l'extase
    Au délire atroce et nerveux.

Puis, dans un paroxysme intense de névroses
    Pesantes comme un plomb fatal,
Hagard, je l'étendis sur un long tas de roses
    Dans une bière de cristal.

L'odeur cadavérique avait fui de la chambre,
    Et sur les ors et les velours
Des souffles de benjoin, de vétyver et d'ambre
    Planaient chauds, énervants et lourds.

Et je la regardais, la très chère momie :
    Et ressuscitant sa beauté,
J'osais me figurer qu'elle était endormie
    Dans les bras de la volupté.

Et dans un caveau frais où conduisent des rampes
    De marbre noir et d'or massif,
Pour jamais, aux lueurs sépulcrales des lampes,
    Au-dessous d'un crâne pensif,

La morte en son cercueil transparent et splendide,
    Narguant la putréfaction,
Dort, intacte et sereine, amoureuse et candide,
    Devant ma stupéfaction.

LA BIBLIOTHÈQUE

A José-Maria de Heredia.

Elle faisait songer aux très vieilles forêts.
Treize lampes de fer, oblongues et spectrales,
Y versaient jour et nuit leurs clartés sépulcrales
Sur ses livres fanés pleins d'ombre et de secrets.

Je frissonnais toujours lorsque j'y pénétrais :
Je m'y sentais, parmi des brumes et des râles,
Attiré par les bras des treize fauteuils pâles
Et scruté par les yeux des treize grands portraits.

Un soir, minuit tombant, par sa haute fenêtre
Je regardais au loin flotter et disparaître
Le farfadet qui danse au bord des casse-cous,

Quand ma raison trembla brusquement interdite :
La pendule venait de sonner treize coups
Dans le silence affreux de la chambre maudite.

LA CHAMBRE

A Charles Cros.

Ma chambre est pareille à mon âme,
Comme la mort l'est au sommeil :
Au fond de l'âtre, pas de flamme !
A la vitre, pas de soleil !

Les murailles sont recouvertes
D'un lamentable papier gris
Où l'ombre des persiennes vertes
Met des taches de vert-de-gris.

Au-dessus de mon chevet sombre
Pend un Christ à l'air ingénu,
Qui semble s'enfoncer dans l'ombre
Pour ne pas se montrer si nu.

Compagnon de ma destinée,
Un crâne brisé, lisse et roux,
Du haut de l'humble cheminée
Me regarde avec ses deux trous.

LA CHAMBRE

Des rideaux lourds et très antiques
Se crispent sur le lit profond ;
De longs insectes fantastiques
Dansent et rampent au plafond.

Quand l'heure sonne à ma pendule,
Elle fait un bruit alarmant ;
Chaque vibration ondule
Et se prolonge étrangement.

L'ange de mes amours funèbres,
Porte toujours un domino,
Et chaque nuit, dans les ténèbres,
Va sangloter au piano.

Meubles, tableaux, fleurs, livres même,
Tout sent l'enfer et le poison,
Et, comme un drap, l'horreur qui m'aim
Enveloppe cette prison.

Triste chambre où l'ennui qui raille
Veille à mes côtés nuit et jour,
J'écris ces vers sur ta muraille,
Et je bénis ton noir séjour ;

Car le torrent aime le gouffre,
Et le hibou, l'obscurité ;
Car tu plais à mon cœur qui souffre
Par ton affreuse identité !

LE SOMNAMBULE

A Gustave Coquelin.

Le chapeau sur la tête et la canne à la main,
Serrant dans un frac noir sa rigide ossature,
Il allait et venait au bord de la toiture,
D'un air automatique et d'un pas surhumain.

Singulier promeneur, spectre et caricature,
Sans cesse, il refaisait son terrible chemin.
Sur le ciel orageux, couleur de parchemin,
Il dessinait sa haute et funèbre stature.

Soudain, à la lueur d'un éclair infernal,
Comme il frisait le vide en rasant le chenal
Avec le pied danseur et vif d'un funambule,

L'horreur emplit mon être et figea tout mon sang,
Car un grand chat d'ébène hydrophobe et grinçant
Venait de réveiller le monsieur Somnambule.

LE MIME

A Coquelin.

Par quelle fantaisie insolite et malsaine
En vins-je à grimacer devant ma glace, un soir,
Un soir de fin d'automne où Paris, morne et noir,
Pompait lugubrement les brouillards de la Seine ?

Le fait est que mêlant la tendresse à la haine,
La rage à la stupeur, le rire au désespoir,
Ma physionomie en face du miroir
Passa par tous les tons de la mimique humaine.

Et je me recueillais dans ma sincérité
Pour rendre avec une âpre et stricte vérité
Le rictus d'un démon qui maudit sa science,

Quand je vis dans l'éclair du miroir glauque et nu,
Au lieu de mon visage, un visage inconnu
Où se répercutait ma propre conscience !

LA BUVEUSE D'ABSINTHE

Au docteur Louis Jullien

Elle était toujours enceinte,
Et puis elle avait un air...
Pauvre buveuse d'absinthe !

Elle vivait dans la crainte
De son ignoble partner :
Elle était toujours enceinte !

Par les nuits où le ciel suinte,
Elle couchait en plein air.
Pauvre buveuse d'absinthe !

Ceux que la débauche éreinte
La lorgnaient d'un œil amer :
Elle était toujours enceinte !

Dans Paris, ce labyrinthe
Immense comme la mer,
Pauvre buveuse d'absinthe,

Elle allait, prunelle éteinte,
Rampant aux murs comme un ver...
Elle était toujours enceinte!

Oh! cette jupe déteinte
Qui se bombait chaque hiver!
Pauvre buveuse d'absinthe!

Sa voix n'était qu'une plainte,
Son estomac qu'un cancer :
Elle était toujours enceinte!

Quelle farouche complainte
Dira son hideux spencer!
Pauvre buveuse d'absinthe!

Je la revois, pauvre Aminte,
Comme si c'était hier :
Elle était toujours enceinte!

Elle effrayait maint et mainte
Rien qu'en tournant sa cuiller;
Pauvre buveuse d'absinthe!

Quand elle avait une quinte
De toux, — Oh! qu'elle a souffert,
Elle était toujours enceinte! —

Elle râlait : « Ça m'esquinte!
Je suis déjà dans l'enfer. »
Pauvre buveuse d'absinthe!

Or elle but une pinte
De l'affreux liquide vert :
Elle était toujours enceinte!

Et l'agonie était peinte
Sur son œil à peine ouvert;
Pauvre buveuse d'absinthe!

Quand son amant dit sans feinte :
« D'débarras, c'en est un fier!
« Elle était toujours enceinte. »
— Pauvre buveuse d'absinthe!

LE MOT DE L'ÉNIGME

A Francis Enne.

Longtemps cette figure obséda mes regards,
Et l'éternel supplice auquel Dieu me condamne,
Aux rayons ténébreux de ses deux yeux hagards
S'accrut férocement dans mon cœur et mon crâne.

Son affreux souvenir me hantait : et, la nuit,
Dans mon gîte où la Peur le long des meubles rampe,
Cette face où ricane un formidable ennui
Luisait aux murs, et sur l'abat-jour de ma lampe.

Il avait du serpent, du tigre, et du crapaud.
Mais pour pouvoir en faire une esquisse vivante
Et terrible, il faudrait la plume d'Edgar Poe,
Cette plume du gouffre, infernale et savante !

Oh ! ce long paletot boutonné jusqu'au cou
Et ces doigts bleus aussi velus que ceux du singe !
Oh ! l'innommable horreur de ce bras sale et mou
Qui semblait grelotter sous la crasse du linge !

Oh ! jamais les chapeaux des plus sombres rapins
N'auront la poésie atroce de son feutre !
Pour chaussure, il avait d'ignobles escarpins
Où la putridité des pieds nus se calfeutre.

Mais pourquoi cet œil blanc, fixe et cadavéreux?
D'où venait qu'il avait la démarche peu sûre,
Et qu'il allait grinçant d'un air si malheureux,
Comme un chien enragé qui retient sa morsure?

Pourquoi vomissait-il plutôt qu'il ne crachait?
Avait-il la nausée amère de la vie?
Et pourquoi prenait-il sa tête qu'il hochait
Avec une fureur d'effarement suivie?

Avait-il donc au cœur un si strident remord
Qu'au milieu de la rue, en face des gendarmes,
Il bégayât les mots de poison et de mort
Avec un rire affreux qui se trempait de larmes?

Était-il fou, cet homme ayant l'atrocité
D'un poëme vivant plein d'âpres antithèses?
— Ainsi, j'alimentais ma curiosité
Avec le vitriol des noires hypothèses.

Mais une nuit d'hiver, morbidement brutal,
J'accostai ce passant dans une sombre allée,
Et plongeant mon regard dans son globe fatal,
J'osai lui dire avec une voix étranglée :

« Exécrable inconnu dont l'air inquiétant
« Pourrait faire avorter une mégère enceinte,
« Qu'es-tu? Bourreau, martyr, assassin ou Satan? »
— Et lui me répondit : « Je suis buveur d'absinthe. »

LE VOLEUR

L'aveugle, un vrai Goya retouché par la Morgue,
A genoux dans le froid coupant comme une faux,
Automatiquement tirait d'un petit orgue
Un son inoubliable à force d'être faux.

Suant par tous les bouts la misère qui navre,
Il étalait deux yeux pâles où rien ne luit ;
Et tel était l'aspect de ce vivant cadavre,
Qu'il rendait le passant généreux malgré lui.

A deux pas, un flâneur à figure malsaine,
Accoudé sur le pont, considérait la Seine
En sifflotant d'un air canaille et vicieux ;

Soudain, vers la sébile il tendit sa main jaune,
Eut le geste qu'on a lorsque l'on fait l'aumône,
Et vola froidement le vieil homme sans yeux.

UN BOHÈME

Toujours la longue faim me suit comme un recors ;
La ruelle sinistre est mon seul habitacle ;
Et depuis si longtemps que je traine mes cors,
J'accroche le malheur et je butte à l'obstacle.

Paris m'étale en vain sa houle et ses décors :
Je vais sourd à tout bruit, aveugle à tout spectacle ;
Et mon âme croupit au fond de mon vieux corps
Dont la pâle vermine a fait son réceptacle.

Fantôme grelottant sous mes haillons pourris,
Épave de l'épave et débris du débris,
J'épouvante les chiens par mon aspect funeste !

Je suis hideux, moulu, racorni, déjeté !
Mais je ricane encore en songeant qu'il me reste
Mon orgueil infini comme l'éternité.

LE MARCHAND D'HABITS

Marchand d'habits! Ta voix de cuivre et de rogomme
Me surprend tout à coup, me hèle en tapinois;
Et toujours dans mon âme elle pénètre, comme
Un fantôme canaille, ironique et sournois.

Entouré de bouquins, devant mon cher pupitre,
J'ai beau dompter le spleen et l'à-quoi-bon moqueur.
Pour me martyriser ton cri perce ma vitre
Et vient en ricanant se planter dans mon cœur.

Fatalement alors je cours à la fenêtre;
Mais, cette fois, je sens frissonner tout mon être
En rencontrant ton œil obliquement tourné.

Et nous nous regardons tous les deux, sans rien dire :
Et tu pars satisfait, sachant que ce damné
Va passer la journée entière à te maudire !

L'ENTERRÉ VIF

A Edgar Brunly

— « Homme ! imagine-toi qu'après un soir d'orgie
    Tu rentres chez toi, très joyeux :
Tu dors, et le matin, tombant en léthargie,
    Tu parais mort à tous les yeux.

Ta fillette se mire, et ton épouse fausse,
    Bouche ricaneuse et front bas,
Songe : « On va donc enfin le fourrer dans sa fosse ;
    Vite une loque et de vieux bas ! »

Sur la table de nuit on met un cierge sale,
    On te roule dans le linceul.
Et tandis que chacun tourne et va dans la salle,
    Tu gis dans un coin, blême et seul.

La bonne, ta maîtresse, égrène une prière
    D'un air las où l'ennui se peint ;
L'ouvrier prend mesure et propose une bière
    De bon chêne ou de bon sapin.

Pendant que ton cousin optera pour le chêne :
    Il criera, ton enfant si cher,
Que pour gagner vingt sous il faut que l'on s'enchaîne :
    Le sapin est déjà trop cher!

Bref, on t'habillera d'un peuplier si tendre
    Qu'on aura peine à le clouer;
Et sur les contrevents, ton fils, sans plus attendre,
    Écrira : Maison à louer.

Et puis, bagage oblong, heurtant rampe et muraille,
    Par l'escalier tu descendras;
Aux regards de la rue égoïste qui raille
    Ligneusement tu t'étendras;

Et les porteurs narquois, sous la nue en fournaise
    Calcinant les toits et le sol,
Marmotteront : « Tu vas fermenter à ton aise
    Et charogner dans ton phénol. »

Le prêtre ayant glapi : « Bah! mourir, c'est renaître! »
    Peu payé, priera mollement;
Et ceux qui te verront passer de leur fenêtre
    Diront : « Quel pauvre enterrement! »

Le corbillard, avec des lenteurs de cloporte,
    Rampera lourd, grinçant, hideux;
Comme il peut arriver que le cheval s'emporte
    Et casse ton cercueil en deux.

Dans l'église, un ivrogne en sonnant tes glas sombres
    Réveillera de gros hiboux
Qui frôleront la caisse avec leurs ailes d'ombres
    Et viendront se percher aux bouts.

Entre les hommes noirs à figure pointue
    Un pauvre portera ta croix ;
Et plus d'un pensera : « Cette scène me tue,
    « Je pourrais m'esquiver, je crois. »

Et voilà qu'on arrive à ta fosse béante,
    Obscure comme l'avenir :
Elle est là, gueule fauve, ironique et géante,
    Attendant l'heure d'en finir.

Sur un court *Libera* que le prêtre t'accorde
    On t'engouffre et tu glisses... Brrou !
Puis, d'un mouvement brusque on ramène la corde
    Et tu t'aplatis dans le trou.

On prend le goupillon avec des mains gantées,
    On t'asperge vite en tremblant ;
Et l'on rabat la terre, à pleines pelletées,
    Sur ton paletot de bois blanc.

Un fossoyeur, pressé d'achever sa besogne,
    Enfonce ta croix comme un coin,
Et les deux croque-morts ricanant sans vergogne
    Vont boire au cabaret du coin.

Or, tout cela se brise à ton sommeil magique,
    Comme le flot contre l'écueil ;
Mais ton œil va s'ouvrir pour un réveil tragique
    Dans l'affreuse nuit du cercueil.

Alors, étroitement collés contre tes hanches,
    Tes maigres bras ensevelis
Iront en s'étirant buter contre les planches
    Sous le grand suaire aux longs plis.

Tandis que tes genoux heurteront ton couvercle
    Avec un frisson de fureur,
Ton esprit affolé roulera dans un cercle
    D'épouvantements et d'horreur.

Une odeur de bois neuf, d'argile et de vieux linges
    Te harcèlera sans pitié :
L'asphyxie aux poumons, la névrose aux méninges,
    Tu hurleras, mort à moitié.

Tes sourds gémissements resteront sans réponse ;
    Plus d'échos sous ton hideux toit
Qui, spongieux et mou comme la pierre ponce,
    Laissera l'eau suinter sur toi !

Dans l'horrible seconde où ta vie épuisée
    Luttera moins contre la mort,
Tu croiras voir ta chair déjà décomposée ;
    Tu sentiras le ver qui mord.

Contrition tardive et vaines conjectures,
> Tous ces spectres aux dents de fer
Lancineront ton âme en doublant tes tortures
> Qui te feront croire à l'enfer.

Tandis que ta famille oublieuse et cynique
> Discutera ton testament,
Et que, la plume aux doigts, un vieux notaire inique
> Épaissira l'embrouillement,

Toi, tu seras tout seul enfermé dans ta boîte,
> Pauvre cadavre anticipé,
Sans haleine, sans voix, sans regards, le corps moite,
> Bouche ouverte et le poing crispé.

Enfin, tes membres froids s'allongeront sous terre
> Dans la morne rigidité,
Et ton dernier soupir, atroce de mystère,
> S'enfuira vers l'éternité. »

— Telle est la prophétie effroyable de haine
> Qu'un grand fantôme au nez camard,
M'a faite, l'autre nuit, sur un trône d'ébène,
> Au milieu d'un noir cauchemar.

LES BECS DE GAZ

A Jules Lévy.

Les becs de gaz des mauvais coins
Éclairent les filous en loques
Et ceux qui, pleins de soliloques,
S'en vont jaunes comme des coings.

Complices des rôdeurs chafouins
Guettant le Monsieur à breloques,
Les becs de gaz des mauvais coins
Éclairent les filous en loques.

Et coups de couteaux, coups de poings,
Coups de sifflets, cris équivoques,
Spectres hideux, mouchards baroques,
Tout ce mystère a pour témoins
Les becs de gaz des mauvais coins.

LE SOLILOQUE DE TROPPMANN

A Émile Goubert.

I

Enfin débarrassé du père
Et du grand fils, — vœux triomphants! —
J'allais donc en certain repaire
Tuer la mère et les enfants!

Je fus les attendre à la gare,
Dans la nuit froide, sans manteau;
J'avais à la bouche un cigare
Et dans ma poche un long couteau.

Tout entier au plan du massacre,
Si pesé dès qu'il fut éclos,
Je m'étais muni d'un grand fiacre
D'une couleur sombre et bien clos.

Sur les coussins, calme, sans fièvre,
Je me vautrais comme un Sultan;
Je devais avoir sur la lèvre
Le froid sourire de Satan!

Je sais que plein de convoitise
Je ricanais, tout en songeant
Que pour huit morts, — une bêtise ! —
J'allais avoir beaucoup d'argent.

Je pensais : « Destin ! tu me pousses
« Au forfait le plus inouï ;
« Mais, puisque j'ai d'ignobles pouces
« Et pas de cœur, je réponds : Oui !

« Le train du Nord me les apporte.
« Et moi, l'homme aux projets hideux,
« Mystérieux comme un cloporte,
« Je me voiture au-devant d'eux :

« Pour les saigner comme des bêtes,
« Pour les pétrir, les étrangler,
« Pour fendre et bossuer leurs têtes,
« Sans qu'ils aient le temps de beugler ! »

J'arrivai : la gare était pleine
De bruit et de monde. — A minuit,
Je pourrais combler dans la plaine
Un grand trou bâillant à la nuit !

Je lorgnais des filles charnues,
Froidement, comme un gentleman,
Lorsque soudain des voix connues
S'écrièrent : « Voilà Troppmann

Et tous, la mère et la marmaille
Me couvrirent de baisers gras !
C'était fait ! Ma dernière maille
Se nouait enfin dans leurs bras !

II

Nous roulions ! Pour que mes victimes
Eussent foi dans ma loyauté,
J'abritais mes pensers intimes
Derrière ma loquacité.

Les tout petits dormaient candides
Sur mes genoux, dur matelas.
Je frôlais de mes doigts sordides
Le manche de mon coutelas.

Bercés par de féeriques songes,
Ils dormaient ; et moi, le damné,
Je rassurais par des mensonges
La femme de l'empoisonné.

Lutterait-elle, cette sainte ?
Je l'épiai sournoisement :
— Quelle chance ! Elle était enceinte !
J'eus un joyeux tressaillement.

« Je la tuerai, quoi qu'elle fasse,
Sans trop d'efforts bien essoufflants,
D'un coup de couteau dans la face
Et d'un coup de pied dans les flancs ! »

Puis, mes rêves gaiment féroces
M'emportaient sur les paquebots !
Et le cocher fouettait ses rosses
Qui trottinaient à pleins sabots.

III

La banlieue avait clos ses bouges.
Vers Paris tout au loin brillaient
Des milliers de petits points rouges,
Et parfois les chiens aboyaient.

Les usines abandonnées
Dressaient lugubrement dans l'air
Leurs gigantesques cheminées
Toutes noires sous le ciel clair.

De sa lueur de nacre et d'ambre,
Comme un prodigieux fanal,
La froide lune de septembre
Illuminait ce bourg banal,

Que moi, le vomi des abîmes,
L'ami perfide et venimeux,
Par le plus monstrueux des crimes
J'allais rendre à jamais fameux !

Nous étions rendus : le champ morne
A deux pas de nous sommeillait ;
Leur vie atteignait donc sa borne !
Et pourtant, j'étais inquiet.

Refuseraient-ils de me suivre,
Avertis par de noirs frissons ?
Le cocher, bien qu'aux trois quarts ivre,
Aurait-il enfin des soupçons ?

Mais non : j'avais l'air doux, en somme.
Et sans terreur, sans cauchemar,
Grillant d'embrasser son cher homme,
La mère descendit du char,

Prit par la main, d'un geste tendre,
Sa fillette et son plus petit,
Dit aux autres de nous attendre,
Les embrassa ; puis, l'on partit.

IV

Elle allait portant sa fillette,
Ses petits bras autour du cou;
Elle n'était pas inquiète :
Lorsque je bondis tout à coup!

Mon attaque fut si soudaine,
Qu'elle ne vit pas l'assassin :
Je lui piétinai la bedaine
Et je lui tailladai le sein;

Puis, me ruant sur chaque mioche,
Près de leur mère qui râlait,
Je les couchai d'un coup de pioche :
Plus que trois! Comme ça filait!

Ils m'attendaient dans la voiture.
« Venez, leur dis-je, me voici;
Votre mère est à la torture
En vous sachant tout seuls ici. »

Alors, minute solennelle,
Admirablement papelard,
D'une main presque maternelle,
Je mis à chacun un foulard.

A peine le cocher stupide
Était-il parti, qu'aussitôt,
Vertigineusement rapide,
Je les assaillis sans couteau.

Sur leurs trois cous je vins m'abattre,
Horriblement je les sanglai ;
Ils se tordirent comme quatre,
Mais en vain : je les étranglai !

Alors du poitrail de la vieille
J'arrachai mon eustache, et fou,
Pris d'une rage sans pareille,
Je les frappai sans savoir où.

Je frappais, comme un boucher ivre,
A tour de bras, m'éclaboussant,
Moi, le froid manieur de cuivre,
De lambeaux de chair et de sang !

Mon couteau siffla dans leurs râles,
Et mon pesant pic de goujat
Défigura ces faces pâles
Où le sang se caillait déjà.

Puis, sous le ciel, au clair de lune,
Avec mes outils ébréchés,
Je fis sauter, l'une après l'une,
Les cervelles des six hachés !

C'était si mou sous ma semelle
Que j'en fus écœuré : j'enfouis,
Morts ou non, tassés, pêle-mêle,
Ces malheureux, et je m'enfuis!

V

Enfin! Je les tenais, les sommes!
Tous les huit, morts! C'était parfait!
J'allais vivre, estimé des hommes,
Avec le gain de mon forfait.

Eh bien, non! Satan mon compère
M'a lâchement abandonné.
Je rêvais l'avenir prospère :
Je vais être guillotiné.

J'allais jeter blouse et casquette,
Je voulais être comme il faut!
Demain matin, à la Roquette,
On me rase pour l'échafaud.

Je me drapais dans le mystère
Avec mon or et mes papiers :
Dans vingt-quatre heures, l'on m'enterre
Avec ma tête entre mes pieds.

Eh bien, soit! A la rouge *Veuve*
Mon cou va donner un banquet;
Mon sang va couler comme un fleuve,
Dans l'abominable baquet;

Qu'importe! Jusqu'à leur machine,
J'irai crâne, sans tombereau;
Mais avant de plier l'échine,
Je mordrai la main du bourreau!

Et maintenant, croulez, ténèbres!
Troppmann en ricanant se dit
Que parmi les tueurs célèbres,
Lui seul sera le grand maudit!

LE BOURREAU MONOMANE

A Taillade.

— « Oh! les saisons, été, printemps, hiver, automne,
« Comme c'est long! Que faire? A quoi donc s'occuper? »
Maintenant qu'il n'a plus de têtes à couper,
Il trouve la vie âpre et le temps monotone.

Autrefois, il était le grand justicier
Plus fantastique et plus redouté que le Diable,
L'homme qui décapite un crime irrémédiable
Au tranchant toujours sûr du couperet d'acier.

Son nom, dit quelque part, rendait les gens tout blêmes ;
Lui seul, il pourvoyait légalement la mort ;
Et bien qu'il pût rogner ses frères sans remord,
Sa vue épouvantait les magistrats eux-mêmes.

Et quand la Peur broyait avec son laminoir
Ceux qui doivent subir la peine capitale,
Au fond de leur cachot, la vision fatale
C'était lui, le Monsieur correct en habit noir.

Par les matins glacés, par les aurores tièdes,
Autrefois, il trônait debout sur l'échafaud ;
Et qui donc aurait pu le trouver en défaut
Quand il faisait le signe effroyable à ses aides?

Folle, effarée autour du funèbre tréteau,
La foule se tordait comme un tas de couleuvres
Pour voir de près l'exécuteur des hautes œuvres
Qui du bout de son doigt fait tomber le couteau.

Donc, il ne verra plus grouiller la multitude;
Il a perdu renom, besogne, revenu.
Il n'est par tout pays qu'un banal inconnu,
Rentier de la misère et de la solitude.

Il sera donc un homme à toute heure hanté
Par l'aspect du triangle oblong de la Justice !
Sempiternellement, il faudra qu'il pâtisse,
Moulu par la vieillesse et par l'oisiveté.

Il n'incarnera plus l'épouvante! La *Veuve*,
Il ne la verra plus! C'est un autre bourreau
Qui va dorénavant la tirer du fourreau,
Chaque fois qu'un jury voudra qu'elle s'abreuve.

Il ne l'essaiera plus sur les grands mannequins,
Le couteau récemment aiguisé par la meule !
Plus de têtes, jamais! Jamais plus une seule !
O rage ! Et les prisons fourmillent de coquins !

Et malheureux cerveau qui brûle et se détraque,
Il n'a plus qu'un désir, chez lui comme en chemin,
C'est de guillotiner encore un être humain ;
Et sa monomanie à toute heure le traque.

L'avis impératif et concis du Parquet,
Voilà ce qu'il attend dans une horrible extase.
Entre l'abbé qui prie et le barbier qui rase,
Il se revoit, hâtant le festin du baquet.

Et partout, dans l'azur comme dans la tempête,
Il évoque une lame et cherche d'un œil fou
La grimace que fait une tête sans cou
Et l'affreux jet de sang qui sort d'un cou sans tête !

LE MONSTRE

En face d'un miroir est une femme étrange
Qui tire une perruque où l'or brille à foison,
Et son crâne apparaît jaune comme une orange,
Et tout gras des parfums de sa fausse toison.

Sous des lampes jetant une clarté sévère
Elle sort de sa bouche un râtelier ducal,
Et de l'orbite gauche arrache un œil de verre
Qu'elle met avec soin dans un petit bocal.

Elle ôte un nez de cire et deux gros seins d'ouate
Qu'elle jette en grinçant dans une riche boîte,
Et murmure : « Ce soir, je l'appelais mon chou ;

« Il me trouvait charmante à travers ma voilette !
« Et maintenant cette Ève, âpre et vivant squelette,
« Va désarticuler sa jambe en caoutchouc ! »

LE TUNNEL

Au milieu d'un tunnel profond comme le vide,
Où l'horreur et la nuit pendent leurs attirails,
Une femme, tordant sa nudité livide,
Est couchée en travers sur les terribles rails.

La voûte et les murs froids, pleins de larmes funèbres,
Écoutent s'étouffer de longs cris surhumains ;
Et coupé par le vent qui court dans ces ténèbres,
Un homme est là qui grince en se frottant les mains.

Tout à coup, un bruit sourd et deux prunelles rouges
Naissent à l'horizon. — « Misérable ! tu bouges,
« Tu geins, et tu te mords ; mais, le train marche, lui !

« La descente le pousse et le retard l'active !
« Entends-tu le sifflet de la locomotive ?... »
Et la campagne dort et la lune reluit.

LE FOU

Je rêve un pays rouge et suant le carnage,
Hérissé d'arbres verts en forme d'éteignoir,
Des calvaires autour, et dans le voisinage
Un étang où pivote un horrible entonnoir.

Farouche et raffolant des donjons moyen âge,
J'irais m'ensevelir au fond d'un vieux manoir :
Comme je humerais le mystère qui nage
Entre de vastes murs tendus de velours noir !

Pour jardins, je voudrais deux ou trois cimetières
Où je pourrais tout seul rôder des nuits entières ;
Je m'y promènerais lugubre et triomphant,

Escorté de lézards gros comme ceux du Tigre.
— Oh ! fumer l'opium dans un crâne d'enfant,
Les pieds nonchalamment appuyés sur un tigre !

LE MANIAQUE

Je frissonne toujours à l'aspect singulier
De certaine bottine ou de certain soulier.
Oui, (que pour me railler vos épaules se haussent!)
Je frissonne : et soudain, songeant au pied qu'ils chaussent,
Je me demande : « Est-il mécanique ou vivant? »
Et je suis pas à pas le sujet, l'observant,
Et cherchant l'appareil d'acier qui se dérobe
Sous le pantalon fin ou sous la belle robe ;
Et dès qu'il a relui, maniaque aux abois,
Dans le cuir élégant je flaire un pied de bois.

LA CÉPHALALGIE

A Louis Tridon.

Celui qui garde dans la foule
Un éternel isolement
Et qui sourit quand il refoule
Un horrible gémissement ;

Celui qui s'en va sous la nue,
Triste et pâle comme un linceul,
Gesticulant, la tête nue,
L'œil farouche et causant tout seul ;

Celui qu'une odeur persécute,
Et qui tressaille au moindre bruit
En maudissant chaque minute
Qui le sépare de la nuit ;

Celui qui rase les vitrines
Avec de clopinants cahots,
Et dont les visions chagrines
Sont pleines d'ombre et de chaos :

Celui qui va de havre en havre,
Cherchant une introuvable paix,
Et qui jalouse le cadavre
Et les pierres des parapets ;

LA CÉPHALALGIE.

Celui qui chérit sa maîtresse
Mais qui craint de la posséder,
Après la volupté traîtresse
Sa douleur devant déborder;

Celui qui hante le phtisique,
Poitrinaire au dernier degré,
Et qui n'aime que la musique
Des glas et du *Dies iræ;*

Celui qui, des heures entières,
Comme un fantôme à pas menus,
Escorte jusqu'aux cimetières
Des enterrements d'inconnus;

Celui dont l'âme abandonnée
A les tortillements du ver,
Et qui se dit : « L'heure est sonnée :
Je décroche mon revolver !

« Cette fois! je me suicide :
A nous deux, pistolet brutal! »
Sans que jamais il se décide
A se lâcher le coup fatal :

Cet homme a la Céphalalgie,
Supplice inventé par Satan ;
Pince, au feu de l'enfer rougie,
Qui mord son cerveau palpitant!...

LA DÉVEINE

A Charles Leroy.

Je m'habille ahuri, subissant à plein corps
L'atroce ubiquité d'une introuvable puce;
Mettre mon faux-col?... Mais, il faudrait que je pusse!
Et ma botte ennemie a réveillé mes cors.

Le placard aux effets, sous des grappes de loques,
Cache précisément l'indispensable habit;
Et la migraine, avec un vrillement subit,
M'arrache de plaintifs et stridents soliloques.

Ma brosse a les crins mous, parce que je m'en sers;
L'invisibilité de ma bourse m'effraie;
La rafale au dehors pleure comme une orfraie;
Et toujours mes chagrins comme autant de cancers!

Je sors : un grand voyou crotté comme une truie
Me lorgne en ricanant sous le ciel pluvieux;
Et dès mes premiers pas sur le trottoir, un vieux
A failli m'éborgner avec son parapluie.

Ma pitié du cheval déplaît au cocher gras :
Encore un qui s'en vient prêt à me chercher noise !
Et voilà que sa rosse hypocrite et sournoise,
Pour me remercier veut me couper le bras.

J'allonge mon chemin, pour éviter la Morgue,
Enfin débarrassé d'un affreux babillard,
Quand l'apparition d'un pauvre corbillard
Me surprend tout à coup devant un joueur d'orgue.

Un pâle individu me bouscule en tremblant ;
D'abord, je vois du vin qui suinte aux commissures
De ses lèvres, et puis un tas de vomissures
Me révèle pourquoi l'homme a le teint si blanc.

Triste, et plus recueilli qu'un moine de la trappe,
Je vais, lorsque soudain mon chapeau s'envolant,
M'expose au ridicule âpre et désopilant,
Puisqu'il me faut courir pour que je le rattrape !

Toujours le mot *Complet* à tous les omnibus :
Si bien, qu'enfin juché sur une impériale,
Je subis la prunelle inquisitoriale
D'un long monsieur coiffé d'un funèbre gibus.

Je vois un ami poindre. Enfin ! C'est une fiche
De consolation... Mais cela, c'en est trop :
L'ingrat, pour m'éviter, gagne un mur au grand trot,
Et fait semblant de lire une très vieille affiche.

Et je suis, juste ciel ! malheureux à ce point,
Qu'au milieu d'une rue ignoble et solitaire
J'aperçois ma maîtresse au bras d'un militaire
Qui fait sonner sa botte, une cravache au poing.

Et la pluie et le vent, les voitures, la boue,
Tout, garçon de café, commis de magasin,
Le roquet, le concierge, et jusqu'à mon voisin
De table, tout cela me vexe et me bafoue.

Je rentre : un gîte plein d'inhospitalité !
Rideaux et papiers peints prennent des tons qui gueulent ;
Quant à mes vieux portraits, on dirait qu'ils m'en veulent
Et ma pendule tinte avec hostilité.

Déjà dans l'escalier, l'œil du propriétaire
M'a requis de payer l'argent que je lui dois ;
Ma porte s'est fermée en me pinçant les doigts
Avec un grincement subit et volontaire.

J'avise l'encrier, mais pas d'encre dedans !
Et moi qui peux fumer nuit et jour, à quelque heure
Que ce soit, mon cigare en ce moment m'écœure :
J'en ai la sueur froide et la nausée aux dents.

Je veux faire du feu : mon bois inallumable
Sue ironiquement sur les grands chenets froids ;
Ma lampe fait craquer son verre, et si j'en crois
Mes yeux, ma glace perd sa transparence aimable.

LA DÉVEINE.

Et tant de malveillance émane du plafond,
Des meubles, des cahiers, des livres, des estampes,
Que je me désespère, et la migraine aux tempes,
Je fléchis sous le mal que ses vrilles me font.

Si même, je n'étais que mon propre vampire,
Je bénirais l'horreur de mes lancinements,
Mais tout ce qui m'entoure attise mes tourments,
Et toujours contre moi la matière conspire.

Dans ce monde jaloux, venimeux et discord,
Je suis le paria contre qui tout s'acharne.
En vain mon cœur sanglote et mon corps se décharne,
L'universel guignon me persécute encor.

Et j'ai des jours si durs, outre mes jours moroses,
— Et comment à l'ennui pouvoir s'habituer! —
Que depuis bien longtemps, je songe à me tuer
Sous la vexation des hommes et des choses.

Et je m'en vais enfin accomplir ce projet
Avec mon revolver à la crosse d'ébène,
Puisque plus que jamais j'ai ressenti la haine
Et la férocité de l'être et de l'objet.

LA MALADIE

A H.-L. Lavedan.

La maladie est une femme
Invisible comme un remord
Qui flétrit, tout prêts pour la mort,
La bouche rose et l'œil de flamme.

Elle vous surprend dans sa trame
Et vous plante sa dent qui mord.
La maladie est une femme
Invisible comme un remord.

Qu'elle soit noble, étrange, infâme,
Avec elle on a toujours tort!
Elle vous vide, elle vous tord
La chair, l'esprit, le cœur et l'âme;
La maladie est une femme.

L'HYPOCONDRIAQUE

A Coquelin cadet.

Enténébrant l'azur, le soleil et les roses,
Tuant tout, poésie, aromes et couleurs
L'ennui cache à mes yeux la vision des choses
Et me rend insensible à mes propres malheurs.

Sourd aux événements que le destin ramène,
Je sens de plus en plus se monotoniser
Les sons de la nature et de la voix humaine
Et j'ai l'indifférence où tout vient se briser.

Et du jour qui s'allonge à la nuit qui s'attarde,
Automate rôdeur, pâle et gesticulant,
Je passe, inconscient des regards que je darde
Et du bruit saccadé que je fais en parlant.

Rien dont mon noir esprit s'indigne ou s'émerveille !
Mon œil incurieux vieillit la nouveauté ;
Et veillant comme on dort et dormant comme on veille,
Je confonds la lumière avec l'obscurité.

Et démon avec qui la terreur se concerte,
L'inexorable ennui me corrode et me mord,
Ne laissant plus au fond de mon âme déserte
Que la seule pensée horrible de la mort.

LA PLUIE

Lorsque la pluie, ainsi qu'un immense écheveau
Brouillant à l'infini ses longs fils d'eau glacée,
Tombe d'un ciel funèbre et noir comme un caveau
Sur Paris, la Babel hurlante et convulsée,

J'abandonne mon gîte, et sur les ponts de fer,
Sur le macadam, sur les pavés, sur l'asphalte,
Laissant mouiller mon crâne où crépite un enfer,
Je marche à pas fiévreux sans jamais faire halte.

La pluie infiltre en moi des rêves obsédants
Qui me font patauger lentement dans les boues,
Et je m'en vais, rôdeur morne, la pipe aux dents,
Sans cesse éclaboussé par des milliers de roues.

Cette pluie est pour moi le spleen de l'inconnu :
Voilà pourquoi j'ai soif de ces larmes fluettes
Qui sur Paris, le monstre au sanglot continu,
Tombent obliquement lugubres, et muettes.

LA PLUIE.

L'éternel coudoiment des piétons effarés
Ne me révolte plus, tant mes pensers fermentent :
A peine si j'entends les amis rencontrés
Bourdonner d'un air vrai leurs paroles qui mentent

Mes yeux sont si perdus, si morts et si glacés,
Que dans le va-et-vient des ombres libertines,
Je ne regarde pas sous les jupons troussés
Le gai sautillement des fringantes bottines.

En ruminant tout haut des poèmes de fiel,
J'affronte sans les voir la flaque et la gouttière ;
Et mêlant ma tristesse à la douleur du ciel,
Je marche dans Paris comme en un cimetière.

Et parmi la cohue impure des démons,
Dans le grand labyrinthe, au hasard et sans guide,
Je m'enfonce, et j'aspire alors à pleins poumons
L'affreuse humidité de ce brouillard liquide.

Je suis tout à la pluie ! A son charme assassin,
Les vers dans mon cerveau ruissellent comme une onde :
Car pour moi, le sondeur du triste et du malsain,
C'est de la poésie atroce qui m'inonde.

LES DENTS

Je les revois à des époques reculées
Ces merveilleuses dents, froides, immaculées,
Et qui se conservaient sans toilette ni fard
Dans la virginité blanche du nénufar.
Le fait est que ces dents étaient surnaturelles
A force de blancheur et de clarté cruelles,
Et que dans les recoins les plus fuligineux
Elles avaient encore un reflet lumineux
Comme un éclair lointain, la nuit, dans une plaine;
Et puis, au frôlement continu d'une haleine
Qui musquait le soupir, la phrase et le baiser,
Elles passaient leur vie à s'aromatiser !
Joignant le plus souvent leurs mignonnes arcades,
Elles rendaient la voix grinçante par saccades
Avec je ne sais quoi d'humide et de siffleur.
Comme dans le calice embaumé de la fleur
On voit luire au matin des perles de rosée,
Ainsi dans cette bouche indolente et rosée
Elles m'apparaissaient, opale et diamant,
Dont mon œil emportait un éblouissement.
Oh ! quand, jolis bijoux des gencives si pures,
Ces petits os carrés, habiles aux coupures,

Plutôt faits pour trancher que pour mâcher, brillaient
Dans l'entre-bâillement des lèvres qui riaient,
Que de fois une envie inquiète et farouche
M'a pris de les humer aussi comme la bouche,
Et d'y faire dormir le chagrin qui me mord !
Ainsi que sur les dents d'une tête de mort,
J'imaginais déjà la rouille de la terre
Sur la mate pâleur de cet émail dentaire ;
Je voyais la mâchoire horrible ricanant
Dans une bière, et puis à la fin s'égrenant.
Elles perdaient parfois leur attitude étrange
Quand elles s'amusaient d'une écorce d'orange,
D'un brin d'herbe ou de fil, d'une paille, d'un fruit,
Ou quand elles faisaient craquer à petit bruit
Les amandes, les noix, les marrons, l'angélique.
Dans un grignotement de souris famélique.
En tout lieu, raffinant le meurtre et le dégât
Elles martyrisaient longuement le nougat,
Massacraient les gâteaux, et lentes et câlines
Se délectaient au goût vanillé des pralines.
Ces quenottes alors prenaient un air mutin
Et s'épanouissaient dans un rire enfantin.
Quand elles miroitaient sans montrer leurs gencives,
Elles étaient toujours funèbres et pensives,
Semblant me dire : « Avance ! » ou me dire : « Va-t'en ! »
Ou bien, dignes d'orner la bouche de Satan,
Comme en arrêt devant une pâture humaine,
Mon pauvre cœur peut-être ! Une couche de haine,

De sarcasme et d'horreur y venait adhérer
Quand elles se mettaient à me considérer,
Ces infernales dents, ces adorable niques
Qui se faisaient un jeu de paraitre ironiques,
Dont le regard était morsure, et qui le soir
Avaient le froid sinistre et coupant du rasoir.

LE PORTRAIT

A Fernand Desmoulin.

Elle téta la vie au sein d'une pauvresse.
Dès le maillot, elle eut l'abominable ivresse
D'un lait sanguinolent et presque vénéneux.
L'air froid d'un gîte infect aux murs fuligineux
Granula ses poumons en gelant sa poitrine;
A travers sa peau, mince et navrante vitrine,
Sa mère put compter ses pauvres petits os.
Elle a grandi pourtant : lamentables fuseaux,
Ses membres rabougris et rongés par la fièvre
Se durcissent avec des souplesses de chèvre,
L'épaule s'élargit, le buste émacié
S'allonge sveltement sur des hanches d'acier ;
Le sein s'est aiguisé jusqu'à piquer ses hardes.
Et sa figure verte aux lèvres si blafardes
Prend la vague stupeur et l'âpre étrangeté
D'une mélancolique et spectrale beauté.
De son crâne fluet où grouillent les détresses
Jaillissent des cheveux fantastiques, sans tresses,
Fouillis d'ébène, épais, tordus, fous, au reflet
Tour à tour diapré, bleuâtre et violet,

Ayant de ces frissons inconnus à la terre,
Crinière d'outre-tombe où flotte le mystère.
Et ses yeux par l'horreur sans cesse écarquillés,
Saphirs phosphorescents, douloureux et mouillés,
Qui se meurent d'ennui dans leur cercle de bistre,
Ses yeux ont maintenant une splendeur sinistre !

LA JOCONDE

A Gaston Béthune.

Le mystère infini de la beauté mauvaise
S'exhale en tapinois de ce portrait sorcier
Dont les yeux scrutateurs sont plus froids que l'acier,
Plus doux que le velours et plus chauds que la braise.

C'est le mal ténébreux, le mal que rien n'apaise ;
C'est le vampire humain savant et carnassier
Qui fascine les cœurs pour les supplicier
Et qui laisse un poison sur la bouche qu'il baise.

Cet infernal portrait m'a frappé de stupeur ;
Et depuis, à travers ma fièvre ou ma torpeur,
Je sens poindre au plus creux de ma pensée intime

Le sourire indécis de la femme-serpent :
Et toujours mon regard y flotte et s'y suspend
Comme un brouillard peureux au-dessus d'un abîme.

LA CHIMÈRE

A Georges Gourdon.

Il avait l'air hagard quand il entra chez moi,
Et c'est avec le geste âpre, la face ocreuse,
L'œil démesurément ouvert, et la voix creuse
Qu'il me fit le récit suivant : Figure-toi

Que j'errais au hasard comme à mon habitude,
Enroulé dans mon spleen ainsi qu'en un linceul,
Ayant l'illusion d'être absolument seul
Au milieu de l'opaque et rauque multitude.

Fils de ma dangereuse imagination,
Mille sujets hideux plus noirs que les ténèbres
Défilaient comme autant de nuages funèbres
Dans mon esprit gorgé d'hallucination.

Peu à peu cependant, maîtrisant la névrose,
J'évoquais dans l'essor de mes rêves câlins
Un fantôme de femme aux mouvements félins
Qui voltigeait, tout blanc sous une gaze rose.

J'ai dû faire l'effet, même aux passants blasés,
D'un fou sur qui l'accès somnambulique tombe,
Ou d'un enterré vif échappé de la tombe,
Tant j'ouvrais fixement mes yeux magnétisés.

Secouant les ennuis qui la tenaient captive
Mon âme tristement planait sur ses recors,
Et je m'affranchissais de mon odieux corps
Pour me vaporiser en brume sensitive :

Soudain, tout près de moi, dans cet instant si cher
Un parfum s'éleva, lourd, sur la brise morte,
Parfum si coloré, d'une strideur si forte,
Que mon âme revint s'atteler à ma chair.

Et sur le boulevard brûlé comme une grève
J'ouvrais des yeux de bœuf qu'on mène à l'abattoir,
Quand je restai cloué béant sur le trottoir :
Je voyais devant moi la femme de mon rêve

Oh ! c'était bien son air, sa taille de fuseau !
A part la nudité miroitant sous la gaze,
C'était le cher fantôme entrevu dans l'extase
Avec ses ondoiements de couleuvre et d'oiseau.

Certes ! je ne pouvais la voir que par derrière :
Mais, comme elle avait bien la même étrangeté
Que l'autre ! Et je suivis son sillage enchanté.
Dans l'air devenu brun comme un jour de clairière.

Je courais, angoisseux et si loin du réel
Que j'incarnais déjà mon impalpable idole
Dans la belle marcheuse au frisson de gondole
Qui glissait devant moi d'un pas surnaturel.

Et j'allais lui crier dans la cohue infâme,
Frappant et housculant tout ce peuple haï :
« Je viens te ressaisir, puisque tu m'as jailli
« Du cœur, pour te mêler aux passants ! » quand la Dame

Se retourna soudain : oh ! je vivrais cent ans
Que je verrais toujours cet ambulant squelette !
Véritable portrait de la Mort en toilette,
Vieux monstre féminin que le vice et le temps,

Tous deux, avaient tanné de leurs terribles hâles ;
Tête oblongue sans chair que moulait une peau
Sépulcrale, et dont les paupières de crapaud
Se recroquevillaient sur des prunelles pâles !

LA FOLIE

La tarentule du chaos
Guette la raison qu'elle amorce.
L'Esprit marche avec une entorse
Et roule avec d'affreux cahots.

Entendez hurler les manchots
De la camisole de force !
La tarentule du chaos
Guette la Raison qu'elle amorce.

Aussi la Mort dans ses caveaux
Rit-elle à se casser le torse,
Devant la trame obscure et torse
Que file dans tous les cerveaux
La tarentule du chaos.

SONNET A LA NUIT

Mère des cauchemars amoureux et funèbres,
Madone des voleurs, complice des tripots,
O nuit, qui fais gémir les hiboux, tes suppôts,
Dans le recueillement de tes froides ténèbres,

Que tu couvres de poix opaque ou que tu zèbres
Les objets las du jour et friands de repos,
Je t'aime, car tu rends mon esprit plus dispos,
Et tu calmes mon cœur, mon sang et mes vertèbres.

Mais, hélas! dans ta brume où chancellent mes pas,
Mon regard anxieux devine et ne voit pas ;
Et j'écarquille en vain mes prunelles avides!

Oh! que n'ai-je les yeux du chacal ou du lynx
Pour scruter longuement les grands spectres livides
Que j'entends palpiter sous ta robe de sphinx :

LE MAUVAIS ŒIL

Le mauvais œil me persécute :
Un œil où le blâme reluit,
Où la haine se répercute,
Fixe et vitreux comme celui
Du condamné qu'on exécute.

Sans que jamais il se rebute,
Il me précède ou me poursuit,
Où que j'aille, où que mon pied bute,
    Le mauvais œil !

Et je suis tellement en butte
A cet œil jaune qui me nuit
Que je le vois même la nuit ;
Et dompteur dont je suis la brute,
Dans l'ombre il me vrille et me scrute,
    Le mauvais œil !

LE RASOIR

Ce rasoir où la rouille a laissé son vestige
Par le seul souvenir arrive à me troubler,
Et sur lui, je ne peux jamais voir sans trembler
L'atmosphère de sang qui plane ou qui voltige.

Oui! sa vue a pour moi je ne sais quel prestige!
Il m'attire, il me cloue, il me fait reculer,
Et va, quand je m'en sers, jusqu'à m'inoculer
Un dangereux frisson d'horreur et de vertige.

Étant las du présent comme du lendemain,
J'ai grand'peur qu'à la longue il ne tente ma main
Par un genre de mort où mon esprit s'arrête.

C'est pourquoi je m'en vais le jeter dans un trou,
Car avec lui je sens que je deviendrais fou
Et que je finirais par me couper la tête!

VILLANELLE DU DIABLE

A Théodore de Banville.

L'Enfer brûle, brûle, brûle.
Ricaneur au timbre clair,
Le Diable rôde et circule.

Il guette, avance ou recule
En zigzags, comme l'éclair ;
L'Enfer brûle, brûle, brûle.

Dans le bouge et la cellule,
Dans les caves et dans l'air
Le Diable rôde et circule.

Il se fait fleur, libellule,
Femme, chat noir, serpent vert ;
L'Enfer brûle, brûle, brûle.

Puis, la moustache en virgule
Parfumé de vétyver,
Le Diable rôde et circule

Partout où l'homme pullule,
Sans cesse, été comme hiver,
L'Enfer brûle, brûle, brûle.

De l'alcôve au vestibule
Et sur les chemins de fer
Le Diable rôde et circule.

C'est le Monsieur noctambule
Qui s'en va, l'œil grand ouvert.
L'Enfer brûle, brûle, brûle.

Là, flottant comme une bulle,
Ici, rampant comme un ver,
Le Diable rôde et circule.

Il est grand seigneur, crapule,
Écolier ou magister.
L'Enfer brûle, brûle, brûle.

En toute âme il inocule
Son chuchotement amer :
Le Diable rôde et circule.

Il promet, traite et stipule
D'un ton doucereux et fier,
L'Enfer brûle, brûle, brûle.

Et se moquant sans scrupule
De l'infortuné qu'il perd,
Le Diable rôde et circule.

Il rend le bien ridicule
Et le vieillard inexpert.
L'Enfer brûle, brûle, brûle.

Chez le prêtre et l'incrédule
Dont il veut l'âme et la chair,
Le Diable rôde et circule.

Gare à celui qu'il adule
Et qu'il appelle « mon cher ».
L'Enfer brûle, brûle, brûle.

Ami de la tarentule,
De l'ombre et du chiffre impair,
Le Diable rôde et circule.

— Minuit sonne à ma pendule :
Si j'allais voir Lucifer ?...
L'Enfer brûle, brûle, brûle ;
Le Diable rôde et circule !

L'ÉTANG

A Joséphin Peladan.

Plein de très vieux poissons frappés de cécité,
L'étang, sous un ciel bas roulant de sourds tonnerres,
Étale entre ses joncs plusieurs fois centenaires
La clapotante horreur de son opacité.

Là-bas, des farfadets servent de luminaires
A plus d'un marais noir, sinistre et redouté;
Mais lui ne se révèle en ce lieu déserté
Que par ses bruits affreux de crapauds poitrinaires.

Or, la lune qui point tout juste en ce moment,
Semble s'y regarder si fantastiquement,
Que l'on dirait, à voir sa spectrale figure,

Son nez plat et le vague étrange de ses dents,
Une tête de mort éclairée en dedans
Qui viendrait se mirer dans une glace obscure.

LE VIEUX MOUTON

A Gustave Guiches.

Trop âgé pour avoir pu suivre le troupeau,
Il était resté là, perdu comme une épave :
Et dans un gouffre, auprès d'un torrent plein de bave,
Il traînait le cancer qui lui mangeait la peau.

Le fait est que le Diable en eût fait un suppôt,
Tant la sorcellerie habitait son œil cave
Et tant il avait pris, sur le bord de ce gave,
La nudité du ver et le pas du crapaud.

Je m'enfuis! Car la bête accueillait mon approche
Avec un bêlement de haine et de reproche
Strident comme une voix qui crie : « A l'assassin! »

Et la nuit ténébreuse installait son royaume,
Que j'entendais toujours sangloter en mon sein
La malédiction du vieux mouton fantôme.

LA DAME EN CIRE

A Félicien Rops.

Je regardais tourner le mannequin,
Et j'admirais sa taille, sa poitrine,
Ses cheveux d'or et son minois taquin,
Lorsque j'ai vu palpiter sa narine
Et son cou mince à forme vipérine.
— « Elle vit donc ! » me dis-je, épouvanté :
Et depuis lors, à toute heure hanté
Par un amour que rien ne peut occire,
J'ai la peur et la curiosité
De voir entrer chez moi la dame en cire.

Par tous les temps, sous un ciel africain,
Et sous la nue inquiète ou chagrine,
Comme un nageur que poursuit un requin,
Sans pouvoir fuir je reste à sa vitrine,
Et là j'entends mon cœur qui tambourine.
J'ai beau me dire : « Horreur ! Insanité ! »
Il est des nuits d'affreuse obscurité,
— Tant je l'évoque et tant je la désire ! —
Où je conçois la possibilité
De voir entrer chez moi la dame en cire !

Telle qu'elle est, en robe de nankin,
Avec ses yeux couleur d'aigue-marine
Et son sourire attirant et coquin,
La pivoteuse à bouche purpurine
Dans mon cerveau s'installe et se burine
Je m'hallucine avec avidité,
Et je m'enfonce, ivre d'étrangeté,
Dans un brouillard que ma raison déchire,
Car c'est mon rêve ardemment souhaité
De voir entrer chez moi la dame en cire.

ENVOI.

O toi qui m'as si souvent visité,
Satan! vieux roi de la perversité,
Fais-moi la grâce, ô sulfureux Messire,
Par un minuit lugubrement tinté,
De voir entrer chez moi la dame en cire!

L'ENRAGÉE

Je vais mordre ! Allez-vous-en tous !
La nuit tombe sur ma mémoire
Et le sang monte à mes yeux fous !
Voyez ! ma bouche torse et noire
Bave à travers mes cheveux roux.

J'ai déjà fait d'horribles trous
Dans mes deux pauvres mains d'ivoire,
Et frappé ma tête à grands coups :
  Je vais mordre !

Je m'abreuverais à vos cous
Si je pouvais encore boire.
Holà ! Je sens dans ma mâchoire
Un abominable courroux :
De grâce ! Arrière ! Sauvez-vous !
  Je vais mordre !

LES YEUX MORTS

A Henri Cros.

De ses grands yeux chastes et fous
Il ne reste pas un vestige :
Ces yeux qui donnaient le vertige
Sont allés où nous irons tous.

En vain, ils étaient frais et doux
Comme deux bluets sur leur tige;
De ses grands yeux chastes et fous
Il ne reste pas un vestige.

Quelquefois, par les minuits roux
Pleins de mystère et de prestige,
La morte autour de moi voltige,
Mais je ne vois plus que les trous
De ses grands yeux chastes et fous!

LE BOUDOIR

La dame aux cheveux longs et couleur de topaze
Conserve dans sa chambre un magique cercueil
Si fantastiquement vague et fragile à l'œil,
Qu'il a l'air vaporeux comme un voile de gaze.

Ni cierges, ni tréteaux, ni tentures de deuil.
Le portrait dans son cadre et la fleur dans son vase,
Meubles, miroirs, tapis, tout sourit plein d'extase ;
Et pourtant, ce boudoir est gênant pour l'orgueil.

Que le matin y filtre, ou que le soir y tombe,
Il inflige toujours le rappel de la tombe
Et de la pourriture à six pieds dans le sol :

Car la bière fluette exhale par bouffées,
Sourdes comme un écho de plaintes étouffées,
L'odeur cadavéreuse et jaune du phénol.

LA NUIT DE NOVEMBRE

A Madame Léon Cladel.

Il faisait aussi clair qu'à trois heures du soir,
Lorsque, las de fumer, de lire et de m'asseoir,
Emportant avec moi le rêve qui m'agite,
J'abandonnai ma chambre et sortis de mon gîte.
Et j'errai. Tout le ciel était si lumineux,
Que les rochers devaient sentir passer en eux
Des caresses de lune et des frissons d'étoiles.
La terrible araignée aux si funèbres toiles
Semblait guetter encor le crépuscule gris,
Car les arbres du clos par l'automne amaigris
Montraient dans la clarté qui glaçait leur écorce
Mainte cime chenue et mainte branche torse.
C'était le jour sans bruit, le jour sans mouvement,
Comme en vécut jadis la Belle au Bois Dormant,
Plutôt fait pour les morts que pour nous autres : l'ombre
Qui devenait l'aurore, à l'heure où tout est sombre.
L'air avait la moiteur exquise du rayon,
Et l'objet dessiné comme par un crayon

Prenait l'aspect diurne, et fluet, long, énorme,
Accusait nettement sa couleur et sa forme.
Et le silence, horrible et douce mort du bruit,
Triomphait-il assez dans ce plein jour de nuit
A l'abri du vent rauque et du passant profane
Sous les scintillements du grand ciel diaphane!
Le froid devenait tiède à force de douceur;
Et, grisaille des murs, vert des volets, rousseur
Du toit, corde du puits, dents de la girouette
Là-bas, au fond du clos, une vieille brouette,
A terre çà et là, des bois et des outils,
Toute espèce d'objets, hauts, plats, grands et petits,
Tout, jusqu'au sable fin comme celui des grèves
Se détaillait à l'œil ainsi que dans les rêves.
Alors, que de mystère et que d'étrangeté!
Sans doute, un mauvais sort m'allait être jeté
Par un fantôme blanc rencontré sur ma route?
Le fait est que jamais plus fantastique voûte
N'illumina la terre à cette heure d'effroi :
Je me voyais si bien que j'avais peur de moi.
Minuit allait sonner dans une demi-heure,
Et toujours pas de vent, pas de source qui pleure,
Rien que l'affreux silence où je n'entendais plus
Que le bruit régulier de mes pas résolus;
Car, au fond, savourant ma lente inquiétude,
Je voulais m'enfoncer dans une solitude
Effroyable, sans murs, sans huttes, sans chemins,
Vierge de tous regards et de tous pieds humains!

Et j'étais arrivé sur une immense roche
Quand je me rappelai que j'avais dans ma poche
Le bréviaire noir des amants de la Mort,
Cette œuvre qui vous brûle autant qu'elle vous mord,
Que la tombe a dictée et qui paraît écrite
Par la main de Satan, la grande âme proscrite.
Oui, j'avais là sur moi, dans cet endroit désert,
Le *Cœur Révélateur* et la *Maison Usher*,
Ligeia, *Bérénice*, et tant d'autres histoires
Qui font les jours peureux, les nuits évocatoires,
Et qu'on ne lit jamais sans frisson sur la peau.
Oui, délice et terreur! j'avais un Edgar Poe :
Edgar Poe, le sorcier douloureux et macabre
Qui chevauche à son gré la raison qui se cabre.
Seul, tout seul, au milieu du silence inouï,
Avais-je la pâleur d'un homme évanoui
Quand j'ouvris le recueil de sinistres nouvelles
Qui donnent le vertige aux plus mâles cervelles?
Mes cheveux s'étaient-ils dressés, à ce moment?
Je ne sais! Mais, mon cœur battait si fortement,
Ma respiration était si haletante,
Que je les entendais tous les deux : oh, l'attente
Du fantôme prévu pendant cette nuit-là
Et je lus à voix basse *Hélène*, *Morella*,
Le Corbeau, le *Portrait ovale*, *Bérénice*,
Et, — que si j'ai mal fait le Très-Haut me punisse!
Je relus le *Démon de la Perversité!*
Puis, lorsque j'eus fini, je vis à la clarté

Du ciel illuminé comme un plafond magique,
Debout sur une roche un revenant tragique
Drapé dans la guenille horrible du tombeau
Et dont la main sans chair soutenait un corbeau :
Fou, je m'enfuis, criblé par les rayons stellaires,
Et c'est depuis ce temps que j'ai peur des nuits claires.

L'AMI

Il était brun, très pâle, et toujours en grand deuil;
Ses paroles claquaient avec un bruit de flammes,
Et de courtes lueurs plus froides que des lames
Illuminaient parfois la brume de son œil.

Un même goût pour l'art et pour les sombres drames,
Le même âge, la même angoisse du cercueil,
Un égal infini de tristesse et d'orgueil
Eurent vite enchaîné nos esprits et nos âmes.

A la longue, pourtant, cet être souple et noir
M'inquiéta sans trêve et tellement, qu'un soir,
Je me dis en moi-même : « Oh! si c'était le diable! »

— « Alors, devina-t-il, vous me préférez Dieu?
« Soit! je m'en vais, mon cher, mais pour cadeau d'adieu,
« Je vous laisse la Peur, la Peur irrémédiable! »

LA CLAIRIERE

L'Engoulevent rôdait avec la souris chauve,
Lorsque sur la clairière au tapis verdoyant
La lune décocha son sourire ondoyant
Et mit à chaque feuille un glacis d'argent mauve.

Et j'envoyais du fond de cette forêt fauve
Un regard de mon cœur à l'astre chatoyant
Qui promenait sur l'herbe un reflet vacillant
Ainsi qu'une veilleuse au milieu d'une alcôve :

Soudain, je vis un être horriblement fluet
Qui cueillait çà et là des fleurs, d'un doigt muet.
Et tous les bruits du soir qui me semblaient si simples,

Ce bois stupéfié, cette lune dessus,
Me firent tressaillir, lorsque je m'aperçus
Que j'avais devant moi la chercheuse de Simples.

LE MENEUR DE LOUPS

CHANT ROYAL

A Jules Barbey d'Aurevilly.

Je venais de franchir la barrière isolée,
Et la stupeur nocturne allait toujours croissant
Du ravin tortueux à la tour écroulée,
Quand soudain j'entendis un bruit rauque et perçant.
J'étais déjà bien loin de toute métairie,
Dans un creux surplombé par une croix pourrie
Dont les vieux bras semblaient prédire le destin :
Aussi, la peur, avec son frisson clandestin,
Me surprit et me tint brusquement en alerte,
Car à cent pas de moi, là, j'en étais certain,
Le grand meneur de loups sifflait dans la nuit verte

Il approchait, guidant sa bande ensorcelée
Que fascinait à peine un charme tout puissant,
Et qui, pleine de faim, lasse, maigre et pelée,
Compacte autour de lui, trottinait en grinçant.
Elle montrait, avec une sourde furie,
Ses formidables crocs qui rêvaient la tuerie,
Et ses yeux qui luisaient comme un feu mal éteint;

Cependant que toujours de plus en plus distinct,
Grave, laissant flotter sa limousine ouverte,
Et coupant l'air froidi de son fouet serpentin,
Le grand meneur de loups sifflait dans la nuit verte.

Le chat-huant jetait sa plainte miaulée,
Et de mauvais soupirs passaient en gémissant,
Quand, roide comme un mort devant son mausolée,
Il s'en vint près d'un roc hideux et grimaçant.
Tous accroupis en rond sur la brande flétrie,
Les fauves regardaient d'un air de songerie
Courir les reflets blancs d'une lune d'étain ;
Et debout, surgissant au milieu d'eux, le teint
Livide, l'œil brûlé d'un flamboiement inerte,
Spectre encapuchonné comme un bénédictin,
Le grand meneur de loups sifflait dans la nuit verte.

Mais voilà que du fond de la triste vallée
Une jument perdue accourt en hennissant,
Baveuse, les crins droits, fumante, échevelée,
Et se rue au travers du troupeau rêvassant.
Prompts comme l'éclair, tous, ivres de barbarie
Ne firent qu'un seul bond sur la bête ahurie.
Horreur! Sous ce beau ciel de nacre et de satin,
Ils mangeaient la cervelle et fouillaient l'intestin
De la pauvre jument qu'ils avaient recouverte ;
Et pour les animer à leur affreux festin,
Le grand meneur de loups sifflait dans la nuit verte.

En vain, rampant au bas de la croix désolée,
Je sentais mes cheveux blanchir en se dressant,
Et la voix défaillir dans ma gorge étranglée :
J'avais bu ce spectacle atroce et saisissant.
Puis, après un moment de cette boucherie
Aveugle, à bout de rage et de gloutonnerie,
Repu, léchant son poil que le sang avait teint,
Tout le troupeau quitta son informe butin,
Et quand il disparut louche et d'un pas alerte,
Plein de hâte, aux premiers rougeoiements du matin,
Le grand meneur de loups sifflait dans la nuit verte.

ENVOI.

Monarque du Grand Art, paroxyste et hautain,
Apprends que si parfois à l'heure du Lutin,
J'ai craint de m'avancer sur la lande déserte,
C'est que pour mon oreille, à l'horizon lointain,
Le grand meneur de loups sifflait dans la nuit verte.

L'HOROSCOPE

A Charles de Sivry.

Par un soleil mourant dans d'horribles syncopes,
   Mes spleens malsains
Évoquaient sur mon cas les divers horoscopes
   Des médecins.
Partout la solitude inquiétante, hostile,
   Où chaque trou
Avait un mauvais cri d'insecte, de reptile
   Et de hibou.
J'étais dans un chemin désert, tenant du gouffre
   Et du cachot,
Où l'orage imminent soufflait un vent de soufre
   Épais et chaud,
Dans un chemin bordé de gigantesques haies
   Qui faisaient peur,
Et de rocs mutilés qui se montraient leurs plaies
   Avec stupeur.
Et j'allais, consterné, songeant : « Mon mal empire! »
   Tâtant mon pouls,
Et rongé par l'effroi, par cet effroi vampire
   Comme des poux :

Quand soudain, se dressant dans la brume uniforme
Devant mes pas,
Un long Monsieur coiffé d'un chapeau haut de forme
Me dit tout bas
Ces mots qui s'accordaient avec la perfidie
De son abord :
— « Prenez garde : car vous avez la maladie
Dont je suis mort. »

LES TÉNÈBRES

LES TÉNÈBRES

LE GOUFFRE

A Léon Bloy.

L'homme est un farfadet qui tombe dans la mort,
Grand puits toujours béant sans corde ni margelle
Et dont l'eau taciturne éternellement dort
Sous l'horreur qui la plombe et l'oubli qui la gèle.

Cet ange féminin qui marchait sans effroi,
Au bord des lacs chanteurs où les zéphyrs se trempent,
Voyez comme il est blanc! Touchez comme il est froid!
Voilà déjà qu'il pue et que les vers y rampent.

L'espoir? Dérision! l'Amour? Insanité!
La gloire? Triste fleur morte en crevant la terre!
L'illusion se heurte à la réalité
Et notre certitude équivaut au mystère.

La volupté nous use et racle nos cheveux;
Nous ne brillons si bien que pour mieux disparaître,
Et quand l'homme insensé vocifère : « Je veux! »
La maladie arrive et lui répond : « Peut-être! »

Oh! c'est grande pitié de voir l'atome fier
Montrer le poing au ciel en bavant de rancune!
Ils sont morts aujourd'hui ceux qui régnaient hier :
Pas de grâces! La mort n'en peut donner aucune.

Et tandis que sa faux reluit à l'horizon,
La vie est un cloaque où tout être patauge;
La femme avec son cœur, l'homme avec sa raison,
Se vautrent dans le mal comme un porc dans son auge.

Le philosophe dit : « La Vie est un combat!
Souffrir, c'est mériter; jouir, c'est être lâche! »
Mais le voilà qui geint, frissonne et se débat
Sous l'invisible main qui jamais ne nous lâche.

Le poète, oubliant qu'il est de chair et d'os,
Déprave son esprit dans un rêve impossible;
Et l'extase dans l'œil, et la chimère au dos
Vole au gouffre final comme un plomb vers la cible.

Quand notre heure est marquée au cadran clandestin,
Adieu parents, amis! Croulons dans les ténèbres!
C'est le dernier impôt que l'on doit au Destin
Qui tasse notre cendre avec ses pieds funèbres.

Nous passons fugitifs comme un flot sur la mer;
Nous sortons du néant pour y tomber encore,
Et l'infini nous lorgne avec un rire amer
En songeant au fini que sans cesse il dévore.

LA RUINE

A Antoine Cros.

C'était vers le déclin d'un jour de canicule,
Juste dans le premier instant du crépuscule
Que la brise engourdie attend pour s'échapper,
L'oiseau pour se tapir, le crapaud pour ramper,
Où la fleur se referme ainsi qu'une paupière,
Et qui fait frémir l'arbre et chantonner la pierre.
Seul, à pas saccadés, distraits et maladroits,
Je traversais le plus farouche des endroits,
Par des escarpements ignorés des touristes.
Oh! c'était bien ce qu'il fallait à mes yeux tristes
Rochers, brandes, forêts, taillis, chaumes ardus
Aux petits arbres tors, rabougris et tondus,
Toute cette nature ivre de songerie
Suait la somnolence et la sauvagerie.
Aussi comme j'ai bu l'ombre, et soliloqué
Sur cet amas rocheux, confus et disloqué,
Près des ravins béants comme des puits d'extase,
Et dans ces terrains plats où des remous de vase,
Sous des nuages bas d'un vert de vitriol,
Se révélaient au loin par la danse du sol

Et par un grouillement de joncs trapus et roides.
Une petite pluie aux gouttelettes froides
Imbibait lentement ces landes et ces trous,
Et tout là-bas, au fond des lointains gris et roux,
Le soleil embrumé s'effondrait sur la cime
Des forêts surplombant la rivière, — un abîme
Torrentueux et sourd qui se précipitait
Contre les hauts granits où sa vapeur montait.
Tout seul dans ce désert aride et pittoresque
Dont les buissons semblaient détachés d'une fresque,
J'errais, m'aventurant sur les côtes à pic,
Escaladant les rocs, glissant comme un aspic
A travers les chiendents humectés par la brume,
Et chavirant parmi les cailloux pleins d'écume.
Des haleines de prés et de grands végétaux
Sur les ailes du vent m'arrivaient des plateaux,
Et dans les airs froidis et de plus en plus pâles,
Les oiseaux tournoyeurs croassaient de longs râles
Encore inentendus par moi, l'être écouteur
Dont la campagne a fait son interlocuteur ;
Par moi qui peux saisir tous les cris de l'espace
Et distinguer le bruit d'une fourmi qui passe.
Partout la solitude immense où les rocs noirs
Se dressaient côte à côte en forme d'éteignoirs
Et dégageaient de leur immobilité même
Un fatidisme intense et d'une horreur suprême.
Et tout cela souffrait tellement comme moi,
Que j'y pouvais mirer mon douloureux émoi

Et tous les soubresauts de ma triste pensée :
Bien avant que la nuit même fût commencée,
J'attendais que le val, ou l'onde, ou le ravin,
Avec le son de voix d'un spectre et d'un devin
Continuât mon fauve et navrant soliloque.
Tandis que le brouillard pendait comme une loque
Sur le gave écumant qui hurlait à mes pieds,
Un manoir me montrait ses blocs estropiés,
Et, mêlant sa ruine à ma désespérance,
Importunait ma vue à force d'attirance.
Un certain pan de mur surtout : grand dévasté
De la mélancolie et de la vétusté,
Masse attendant le terme imminent de sa chute,
A jour comme un squelette et dont la morgue brute
Lui donnait un air grave et d'au delà des temps
Qui semblait défier la foudre et les autans.
L'écho devenait-il double, et par impossible
Le silence avait-il une formule audible
Dans ce désert troué, tortueux et bossu ?
Assurément alors mon oreille a perçu
Des murmures éteints, asphyxiés et ternes
Semblant venir du fond d'invisibles citernes :
Quelque chose de vague et de plus consterné
Que le vagissement d'un enfant nouveau-né,
Comme le rire affreux d'un monstre inconcevable
Qui geindrait très au loin dans un antre introuvable.
Or, tous ces bruits étaient si soufflés, si furtifs,
Si mélodiquement mineurs et si plaintifs,

Qu'au milieu des genêts venant à mes épaules
J'ai pleuré dans le vent comme les maigres saules,
Et, le cœur gros d'effrois sacrés et solennels,
Remercié les rocs d'être aussi fraternels
Envers le malheureux fiancé de la tombe
Qui les considérait à l'heure où la nuit tombe.
Et je me dis : « Je suis le Pèlerin hanté
« Par la nature : à moi sa pleine intimité
« Qui m'interroge ou bien qui m'écoute à toute heure,
« Et qui sait le secret des larmes que je pleure !
« Je l'aime et je la crains, car je sens en tous lieux
« S'ouvrir et se fermer ses invisibles yeux
« Mobiles et voyants comme les yeux d'un être,
« Et dont l'ubiquité m'enlace et me pénètre ;
« Car je sais que son âme a l'intuition
« De mon âme où se tord la désolation,
« Et que, pour être éparse et jamais épuisée,
« Elle n'en est pas moins la sœur de ma pensée :
« En voyant l'aspect dur et terrible qu'ils ont
« J'en arrive à songer que les rochers ne sont
« Qu'un figement nombreux de sa révolte ancienne ;
« Mon vertige est le sien, ma douleur est la sienne ;
« Elle subit avec un morne effarement
« Le mystère infini de son commencement
« Et du but ténébreux que poursuivent les choses
« Dans le cours imposé de leurs métamorphoses.
« Ses fleurs sont l'oripeau d'un flanc martyrisé ;
« Lui-même, son printemps n'est qu'un deuil déguisé.

« Et son ordre apparent, formel et mécanique,
« Que l'acceptation d'un esclavage inique.
« Désormais résignée au destin qui la mord,
« Elle produit sans cesse en songeant que la mort,
« Les bouleversements et les chaos funèbres
« Dorment dans la durée au ventre des ténèbres ;
« Et ses rêves qui sont les miens font sa torpeur,
« Son échevèlement, sa crainte, sa stupeur,
« Sa rafale qui beugle et son ciel qui médite! »
Ainsi je comprenais la nature maudite,
Ainsi dans ce ravin, devant ce vieux manoir,
Elle communiait avec mon désespoir,
Et rythmait par degrés son spleen épouvantable
Avec les battements de mon cœur lamentable.
Cependant que la nuit venue à ce moment
Traînait son graduel et morne effacement
Dans la teinte et le bruit, dans le souffle et l'arome,
Et mouillait lentement de ses pleurs de fantôme
Les mauvais champignons tout gonflés de venins.
Les arbres figurant des démons et des nains
Semblaient moins prisonniers que frôleurs de la terre
Qu'ils recouvraient d'effroi, de songe et de mystère.
Sous la lividité sidérale des cieux
Les hiboux miaulaient un soupir anxieux
Et les engoulevents passaient dans la bruine.
C'est alors que la sombre et lugubre ruine
M'a paru nettement peinte sur le brouillard,
Et que le pan de mur couleur de corbillard

A semblé tressaillir sur la colline brune
Et s'est mis à briller tout noir au clair de lune.
Mais d'où m'arrivait donc cette effroyable voix?
Oh! ce n'était ni l'eau, ni le vent, ni les bois
Dont les rameaux claquaient comme des banderoles,
Qui déchargeaient sur moi ces terribles paroles!
Non! Cette voix venait des ruines : c'était
Le château nostalgique et fou qui sanglotait
Sa plainte forcenée, intime et familière
Et qui hurlait d'ennui dans son carcan de lierre.
Et cela résonnait comme un *Dies iræ*
Que la mort elle-même aurait vociféré :
C'était le grincement de la pierre qui souffre!
Et soudain, le cercueil a bâillé comme un gouffre
Au fond du cauchemar qui m'enlevait du sol;
Je me suis vu cadavre embaumé de phénol;
Le monde au regard sec et froid comme une aumône
A sifflé le départ de ma bière en bois jaune,
Et j'ai roulé dans l'ombre, à jamais emporté,
Bagage de la tombe et de l'éternité.

LE CŒUR MORT

Je rêvais que mon cœur flottait dans le château
Au-dessus d'une coupe étrange et poussiéreuse :
— Pour y saigner, bien sûr ! Car sa plaie est si creuse
Que le temps y retourne encore le couteau !

Eh quoi ? La chose alors était par trop affreuse :
Ni la meule du spleen, ni les coups de marteau
Du malheur, ni l'angoisse aux mâchoires d'étau
Ne pouvaient exprimer sa pourpre douloureuse.

Mon cœur vit ! m'écriai-je, il palpite ; il ressent !
Je perçois son tic-tac, et certes, c'est du sang,
Du sang qui va couler de sa blessure ouverte !

Mais non ! Il était mort, archi-mort, et si mûr,
Qu'une larme de pus nauséabonde et verte
En suinta lentement comme l'eau d'un vieux mur.

LES LARMES

A Georges Lorin.

Le crâne des souffrants vulgaires
Est un ciel presque jamais noir,
Un ciel où ne s'envole guères
L'abominable désespoir.

Chaque nuage qui traverse
En courant cet azur qui luit,
Se crève en une douce averse
Apaisante comme la nuit.

Une pluie exquise de larmes
Sans efforts en jaillit à flots,
Éteignant le feu des alarmes
Et noyant les âpres sanglots.

Alors pour ces âmes charnues
Au martyre superficiel,
Les illusions revenues
Se diaprent en arc-en-ciel.

Mais le cerveau du solitaire,
Vieux nourrisson de la terreur,
Est un caveau plein de mystère
Et de vertigineuse horreur.

Du fond de l'opacité grasse
Où pourrit l'espoir enterré,
Une voix hurle : « Pas de grâce !
Non ! pas de grâce au torturé ! »

Près des colères sans courage
Et qui n'ont plus qu'à s'accroupir,
La résignation qui rage
S'y révolte dans un soupir,

Et comme un vautour fantastique,
Avec un œil dur et profond,
La fatalité despotique
Etend ses ailes au plafond !

Crâne plus terrible qu'un antre
De serpents venimeux et froids,
Où pas un rayon de jour n'entre
Pour illuminer tant d'effrois,

Par tes yeux, soupiraux funèbres,
Ne bâillant que sur des malheurs,
Tes lourds nuages de ténèbres
Ne se crèvent jamais en pleurs !

Oh ! quand, rongé d'inquiétudes,
On va geignant par les chemins,
Au plus profond des solitudes,
Ne pouvoir pleurer dans ses mains !

Jalouser ces douleurs de mères
Ayant au moins pour s'épancher
Le torrent des larmes amères
Que la mort seule peut sécher !

Quand on voudrait se fondre en source
Et ruisseler comme du sang,
Hélas ! n'avoir d'autre ressource
Que de grimacer en grinçant !

Oh ! sous le regret qui vous creuse,
Mordre ses poings crispés, avec
La paupière cadavéreuse
Et l'œil implacablement sec !

O sensitive enchanteresse,
Saule pleureur délicieux,
Verse à jamais sur ma détresse
La rosée âcre de tes yeux !

Que ta plainte humecte ma vie !
Que ton sanglot mouille le mien !
Pleure ! pleure ! moi je t'envie
En te voyant pleurer si bien !

Car, maintenant, mon noir martyre,
De ses larmes abandonné,
Pour pleurer n'a plus que le rire,
Le rire atroce du damné !

LE RIRE

A Georges Lorin.

Rire nerveux et sardonique
Qui fais grimacer la douleur,
Et dont le timbre satanique
Est la musique du malheur;

Rire du paria farouche,
Quand, d'un geste rapide et fou,
Il met le poison dans sa bouche
Ou s'attache la corde au cou;

Rire plus amer qu'une plainte,
Plus douloureux qu'un mal aigu,
Plus sinistre qu'une complainte,
Rire atroce aux pleurs contigu;

Sarcasme intime, inexorable,
Remontant comme un haut-le-cœur
Aux lèvres de la misérable
Qui se vend au passant moqueur :

Puisque, dans toutes mes souffrances,
Ton ironie âpre me mord,
Et qu'à toutes mes espérances
Ton explosion grince : « A mort! »

Je t'offre cette Fantaisie
Où j'ai savouré sans terreur
L'abominable poésie
De ta prodigieuse horreur.

Je veux que sur ces vers tu plaques
Tes longs éclats drus et stridents,
Et qu'en eux tu vibres, tu claques,
Comme la flamme aux jets ardents!

J'ai ri du rire de Bicêtre,
A la mort d'un père adoré ;
J'ai ri, lorsque dans tout mon être
S'enfonçait le *Dies iræ;*

La nuit où ma maîtresse est morte,
J'ai ri, sournois et dangereux !
— « Je ne veux pas qu'on me l'emporte!
Hurlais-je avec un rire affreux.

J'ai ri, — quel suprême scandale ! —
Le matin où j'ai reconnu,
A la Morgue, sur une dalle,
Mon meilleur ami, vert et nu !

Je ris dans les amours funèbres
Où l'on se vide et se réduit ;
Je ris lorsqu'au fond des ténèbres,
La Peur m'appelle et me poursuit.

Je ris du mal qui me dévore ;
Je ris sur terre et sur les flots ;
Je ris toujours, je ris encore
Avec le cœur plein de sanglots !

Et quand la Mort douce et bénie
Me criera : « Poète ! à nous deux ! »
Le râle de mon agonie
Ne sera qu'un rire hideux !

L'ANGOISSE

Depuis que l'Horreur me fascine,
Je suis l'oiseau de ce serpent.
Je crois toujours qu'on m'assassine,
Qu'on m'empoisonne ou qu'on me pend.

L'Unité se double et se triple
Devant mon œil épouvanté,
Et le Simple devient multiple
Avec une atroce clarté.

Pour mon oreille, un pied qui frôle
Les marches de mon escalier,
Sur les toits un chat qui miaule,
Dans la rue un cri de roulier,

Le sifflet des locomotives,
Le chant lointain du ramoneur,
Tout bruit a des notes plaintives
Et se tonalise en mineur.

En vain tout le jour, dans la nue
Je plonge un œil aventureux,
Sitôt que la nuit est venue
Je courbe mon front malheureux,

Car, devenant verte et hagarde,
La lune interroge ma peur,
Et si fixement me regarde,
Que je recule avec stupeur.

Le lit de bois jaune où je couche
Me fait l'effet d'un grand cercueil.
Ce que je vois, ce que je touche,
Sons, parfums, tout suinte le deuil.

Partout mon approche est honnie,
On me craint comme le malheur,
Et l'on trouve de l'ironie
Au sourire de ma douleur.

Mon rêve est plein d'ombres funèbres,
Et le flambeau de ma raison
Lutte en vain contre les ténèbres
De la folie... à l'horizon.

La femme que j'aimais est morte,
L'ami qui me restait m'a nui,
Et le Suicide à ma porte
Cogne et recogne, jour et nuit.

Enfin, Satan seul peut me dire
S'il a jamais autant souffert,
Et si mon cœur doit le maudire
Ou l'envier dans son enfer.

LES AGONIES LENTES

A Albert Allenet.

On voit sortir, l'été, par les superbes temps,
Les poitrinaires longs, fluets et tremblotants;
Ils cherchent, l'œil vitreux et noyé de mystère,
Dans une grande allée, un vieux banc solitaire
Et que le soleil cuit dans son embrasement.
Alors, ces malheureux s'assoient avidement,
Et débiles, voûtés, blêmes comme des marbres
Regardent vaguement la verdure des arbres.
Parfois des promeneurs aux regards effrontés
Lorgnent ces parias par le mal hébétés,
Et jamais la pitié, tant que l'examen dure,
N'apparaît sur leur face aussi sotte que dure.
Trop béats pour sentir les deuils et les effrois,
Ils fument devant eux, indifférents et froids,
Et l'odeur du cigare, empoisonnant la brise,
Cause à ces moribonds une toux qui les brise.
Eux, les martyrisés, eux, les cadavéreux,
Comme ils doivent souffrir de ce contraste affreux
Où la santé publique avec son ironie
Raille leur misérable et cruelle agonie!
Pour eux, dont les poumons flétris dès le berceau
S'en vont, heure par heure et morceau par morceau,

Pas d'éclair consolant qui fende leurs ténèbres!
Puis, ils sont assaillis de présages funèbres.
Ayant en plein midi, par un azur qui bout,
L'hostilité nocturne et louche du hibou :
Un convoi rencontré près d'une basilique;
Un menuisier blafard, à l'air mélancolique,
Qui transporte un cercueil à peine raboté,
Où déjà le couvercle en dôme est ajusté;
Un lugubre flâneur que l'âge ride et casse,
Qui se parle à lui-même en traînant sa carcasse
Et qui répond peut-être à quelque vieux remord;
Une main qui remet des « faire part » de mort;
Un prêtre en capuchon, comme un jaune trappiste :
Toutes ces visions s'acharnent à leur piste.
Le terme de leur vie, hélas! va donc échoir!
Ils le savent! celui qui scrute leur crachoir
En a trop laissé voir sur sa figure fausse,
Pour qu'ils ne songent pas qu'on va creuser leur fosse.

Oh! j'en ai rencontré plus d'un par les chemins
Qui cachait à moitié sa tête dans ses mains
Devant un corbillard gagnant le cimetière;
Et j'ai senti pleurer mon âme tout entière!

A quels frissonnements, à quelle intense horreur
Sont voués ces vivants écrasés de terreur,
Quand ils rentrent le soir, au déclin de l'automne,
Dans leur alcôve tiède, ancienne et monotone?

En proie à la plus sombre hallucination,
Dans un morbide élan d'imagination,
Sous un mal qui les mine et qui les exténue
Osent-ils supposer que leur fin est venue,
Pour assister d'avance à leur enterrement?
Voient-ils les invités entrer sinistrement
Dans la chambre où leur bière étroite et mal vissée
Souffle la puanteur infecte et condensée?
Entendent-ils causer les croque-morts tout bas?
Sentent-ils qu'on soulève et qu'on porte là-bas
Sous les panaches blancs de la lente voiture
Le bois rectangulaire où gît leur pourriture?
Dans la nef, aux accords d'un orgue nasillard,
Sur le haut catafalque, au milieu d'un brouillard
D'encens, qu'on fait brûler auprès d'eux sur la pierre
Pour combattre l'odeur s'échappant de leur bière,
Entre des cierges gris aux lueurs de falot,
Appelés par des voix qu'étouffe le sanglot
Et pleurés par des chants d'une plainte infinie,
Voient-ils qu'on est au bout de la cérémonie
Mortuaire, et qu'on va les jeter dans le trou?
L'entrée au cimetière, — un sol visqueux et mou, —
Les enterreurs au bord de la fosse qui s'offre,
Le brusque nœud coulant qu'on passe autour du coffre
Qui s'enfourne et descend comme un seau dans un puits;
Le heurt mat du cercueil au fond du gouffre, et puis,
A la fin, les cailloux, les pierres et l'argile
Qui frappent à coups sourds leur couvercle fragile,

Tout cela passe-t-il en frissons désolés
Au plus creux de leur âme et de leurs os gelés,
Et dans un soliloque amer et pulmonique,
Ne pouvant maîtriser la suprême panique,
Crient-ils : « Grâce ! » au Destin qui répond : « Non, la Mort. »

Ainsi je songe, et j'offre à vous que le spleen mord,
A vous, pâles martyrs, plus damnés que Tantale,
Ces vers noirs inspirés par la Muse fatale.

CHANSON DES AMOUREUSES

A Georges Landry.

Nos soupirs s'en vont dans la tombe
Comme des souffles dans la nuit,
Et nos plaintes sont un vain bruit
Comme celles de la colombe.

Tout prend son vol et tout retombe,
Tout s'enracine et tout s'enfuit !
Nos soupirs s'en vont dans la tombe
Comme des souffles dans la nuit.

C'est toujours la mort qui surplombe
Le nouvel amour qui séduit,
Et pas à pas, elle nous suit
Dans la volupté qui nous plombe.
Nos soupirs s'en vont dans la tombe.

CHANSON DE L'AMANT

Je t'ensevelis pour jamais,
Idole si mièvre et si fausse :
Dans l'oubli j'ai creusé la fosse
Oblongue et froide où je te mets.

Ne crois pas que sur mes sommets
Jusqu'à moi ton spectre se hausse !
Je t'ensevelis pour jamais,
Idole si mièvre et si fausse.

Je suis tout seul au monde, mais
Contre moi-même je m'adosse,
Et l'ascétisme que j'endosse
Me revêtira désormais :
Je t'ensevelis pour jamais.

L'ENSEVELISSEMENT

A Marcel Fouquier.

— On sonna fort. J'allai bien vite ouvrir la porte,
Et je vis un grand coffre horriblement oblong
Près duquel se tenait un petit homme blond,
Qui me dit : « Monsieur, c'est la bière que j'apporte. »

Et je baignai de pleurs la pauvre face morte,
Tandis que les porteurs entraient par le salon.
Au dehors, un voisin raclait du violon,
Et les oiseaux chantaient. — « Diable ! l'odeur est forte ! »

Dit l'un des hommes noirs. — « Y sommes-nous ? » — Vas-y,
Répliqua l'autre. — Hélas ! Et le corps fut saisi,
Et l'on allait fermer la boîte mortuaire,

Quand tous deux, avec une inoubliable voix,
Me dirent en pinçant l'un des bouts du suaire :
« Voulez-vous le revoir une dernière fois ? » —

LA BIÈRE

Le menuisier entra, son mètre dans la main,
Et dit : « Bonjour! Celui qu'on enterre demain,
Où donc est-il? Voyons. Je viens prendre mesure! »
Et comme il s'avançait au fond de la masure,
Il vit sur un grabat sinistre et dépouillé
Le mort couvert d'un drap ignoblement souillé.
Vaguement sous la toile on devinait des formes;
Un bras sortait du linge, et des mouches énormes
Volaient avec fureur tout autour du chevet.
Sur une chaise usée un cierge s'achevait,
Sa lueur expirante éclairait le cadavre
Et laissait entrevoir cette scène qui navre :
Accroupie à l'écart, blême et nue à moitié,
Une femme pleurait en silence; — Oh! Pitié,
Pitié pour le chagrin de cette pauvre épouse! —
Tandis que son enfant, implacable ventouse,
Mordillait son sein maigre et lui suçait le sang.
Ce petit corps chétif se tordait frémissant,
Les doigts crispés, l'œil blanc et la figure verte :
La puanteur soufflait comme une bouche ouverte,
Et l'âpre canicule en pleine irruption
Épaississait encor l'horrible infection.

L'ouvrier suffoqué recula vers la porte
Et dit : « C'est effrayant! Que le diable m'emporte
« Si jamais j'ai senti pourriture à ce point!
« Quoi? Vous gardez ce corps et vous n'étouffez point?
« Sacrebleu! Vous avez le cœur bon, citoyenne!
« Moi je fais tous les jours trois cercueils en moyenne :
« L'habit de bois et dont les boutons sont des vis,
« Je le mets à chacun, au père comme au fils,
« Aux riches comme aux gueux, aux filles comme aux vierges,
« Et j'aune mes longueurs à la lueur des cierges.
« Oui, puisque tout le monde a besoin de mon art,
« Je vais du presbytère au fond du lupanar;
« Eh bien! depuis vingt ans que je fais ma besogne,
« Je n'ai pas encor vu de pareille charogne!
« La fera qui voudra, sa bière, entendez-vous! »
— Et, sans lever les yeux, la pauvresse à genoux,
Bleuâtre de fatigue et de douleur suprême,
Répondit simplement : « Je la ferai moi-même. »

LA MORGUE

A Mallat de Bassilan.

Ceux que l'œil du public outrage,
— Noyés, pendus, assassinés, —
Ils sont là, derrière un vitrage.
Sur des lits de marbre inclinés.

Des robinets de cuivre sale
Font leur bruit monotone et froid
Au fond de la terrible salle
Pleine de silence et d'effroi.

A la voûte, un tas de défroques
Pend, signalement empesté :
Haillons sinistres et baroques
Où plus d'un mort a fermenté !

Visages gonflés et difformes ;
Crânes aplatis ou fendus ;
Torses criblés, ventres énormes,
Cous tranchés et membres tordus :

Ils reposent comme des masses,
Trop putréfiés pour Clamart,
Ébauchant toutes les grimaces
De l'enfer et du cauchemar.

Mais c'est de l'horreur émouvante,
Car ils ont gardé dans la mort
La détresse de l'épouvante
Et la révolte du remord.

Et dans une stupeur qui navre,
Le regard fixe et sans éclat,
Maint grand et maint petit cadavre
Semblent s'étonner d'être là.

C'est que, vierges et courtisanes,
Ceux des palais et des taudis,
Citadines et paysannes,
Les mendiants et les dandys,

Tous, pleins de faim ou pleins de morgue,
Lorsqu'ils périssent inconnus,
Sont mis à l'étal de la Morgue,
Côte à côte, sanglants et nus !

Et la foule âpre et curieuse
Vient lorgner ces spectres hideux,
Et s'en va, bruyante et rieuse,
Causant de tout, excepté d'eux.

Mais ils sont la chère pâture
De mes regards hallucinés.
— Et je plains votre pourriture,
O Cadavres infortunés !

LES GLAS

Chaque jour dans la basilique
Ils pleurent pour de nouveaux morts,
Lancinants comme des remords
Avec leur son mélancolique.

C'est l'appel grave et symbolique
Que j'entends au gîte et dehors.
Avec ton sanglot métallique,
Vieux bourdon, comme tu me mords!

Hélas! mon âme est destinée,
Quand l'horrible glas retentit,
A grincer comme une damnée,
Car c'est la voix qui m'avertit

Que bientôt le train mortuaire
M'emportera comme un colis,
Et que pour le dernier des lits
Je dois préparer mon suaire.

BALLADE DU CADAVRE

A Jules de Marthold.

Dès qu'au clocher voisin l'âme a volé tout droit
Et dit au vieux bourdon : « Glas ! il faut que tu tintes ! »
Le cadavre plombé dont la chaleur décroît,
Nez réduit, bouche ouverte et prunelles éteintes,
Se roidit en prenant la plus blême des teintes.
Puis, l'Ange noir chuchote à ce morceau de chair :
« Qu'on te regrette ou non, cercueil cher ou pas cher,
« Avec ou sans honneurs, tout nu comme en toilette,
« A six pieds dans le sol tu subiras, mon cher,
« La pourriture lente et l'ennui du squelette ! »

Après la mise en bière, on procède au convoi :
Or, si peu de pleurs vrais et tant de larmes feintes
Gonflent l'œil des suiveurs, que le Mort qui les voit,
Trouve encor sur son masque où les stupeurs sont peintes
La grimace du cri, du reproche et des plaintes.
L'orgue désespéré gronde comme la mer,
Le plain-chant caverneux traîne un sanglot amer
Et l'encensoir vacille avec sa cassolette ;
Mais tout cela, pour lui, chante sur le même air
La pourriture lente et l'ennui du squelette.

Durant l'affreux trajet, il songe avec effroi
Qu'on va le perdre au fond d'éternels labyrinthes;
Sur ses mains, sur ses pieds, sur tout son corps si froid
La mort de plus en plus incruste ses empreintes,
Et le linceul collant resserre ses étreintes.
Il tombe dans la fosse, et bientôt recouvert
D'argile et de cailloux mêlés de gazon vert,
Le malheureux défunt, dans une nuit complète,
S'entend signifier par la bouche du ver
La pourriture lente et l'ennui du squelette.

ENVOI.

Oh! qu'il te soit donné, Flamme, sœur de l'éclair,
A toi, Démon si pur qui fais claquer dans l'air
Ta langue aux sept couleurs, élastique et follette,
D'épargner au cadavre, avec ton baiser clair,
La pourriture lente et l'ennui du squelette.

LA PUTRÉFACTION

Au fond de cette fosse moite
D'un perpétuel suintement,
Que se passe-t-il dans la boîte,
Six mois après l'enterrement?

Verrait-on encor ses dentelles?
L'œil a-t-il déserté son creux?
Les chairs mortes ressemblent-elles
A de grands ulcères chancreux?

La hanche est-elle violâtre
Avec des fleurs de vert-de-gris,
Couleurs que la Mort idolâtre,
Quand elle peint ses corps pourris?

Pendant qu'un pied se décompose,
L'autre sèche-t-il, blanc, hideux,
Ou l'horrible métamorphose
S'opère-t-elle pour les deux?

Le sapin servant d'ossuaire
Se moisit-il sous les gazons?
Le cadavre dans son suaire
A-t-il enfin tous ses poisons?

Sous le drap que mangent et rouillent
L'humidité froide et le pus,
Les innombrables vers qui grouillent
Sont-ils affamés ou repus?

Que devient donc tout ce qui tombe
Dans le gouffre ouvert nuit et jour?
— Ainsi, j'interrogeais la tombe
D'une fille morte d'amour.

Et la tombe que les sceptiques
Rayent toujours de l'avenir,
Me jeta ces mots dramatiques
Qui vivront dans mon souvenir :

« Les seins mignons dont tu raffoles,
« Questionneur inquiétant,
« Et les belles lèvres si folles,
« Les lèvres qui baisèrent tant,

« Toutes ces fleurs roses et blanches
« Sont les premières à pourrir
« Dans la prison des quatre planches,
« Que nulle main ne peut ouvrir.

« Mais, quant à l'âme, revit-elle ?
« Avec son calme ou ses remords,
« Faut-il crier qu'elle est mortelle
« Ou qu'elle plane sur les morts ?

« Je ne sais ! Mais apprends de l'ombre
« Que l'homme souffre en pourrissant :
« Le cadavre est un muet sombre,
« Qui ne dit pas ce qu'il ressent ! »

LE SILENCE DES MORTS

A Mademoiselle Louise Read.

On scrute leur portrait, espérant qu'il en sorte
Un cri qui puisse enfin nous servir de flambeau.
Ah! si même ils venaient pleurer à notre porte
Lorsque le soir étend ses ailes de corbeau!

Non! Mieux que le linceul, la bière et le tombeau
Le silence revêt ceux que le temps emporte :
L'âme en fuyant nous laisse un horrible lambeau
Et ne nous connaît plus dès que la chair est morte

Pourtant, que d'appels fous, longs et désespérés,
Nous poussons jour et nuit vers tous nos enterrés!
Quels flots de questions coulent avec nos larmes!

Mais toujours, à travers ses plaintes, ses remords,
Ses prières, ses deuils, ses spleens et ses alarmes,
L'homme attend vainement la réponse des morts.

L'ENFER

A Ernest Hello.

Dans l'enfer, Satan fait étendre
Des barreaux et des grils ardents,
Et sourd, ne voulant rien entendre,
Il dit aux pécheurs imprudents
Que leur âme n'est plus à vendre

Riant d'un air qui n'est pas tendre,
Pour activer ses intendants,
Il court comme une salamandre
    Dans l'enfer.

Sans jamais se réduire en cendre
Tous les damnés grincent des dents,
Et réclament à cris stridents
Que la mort vienne les reprendre!...
Mais la mort ne peut pas descendre
    Dans l'enfer!

NOTRE-DAME LA MORT

A Adrien Remacle.

C'est l'éternelle Dame en blanc
Qui voit sans yeux et rit sans lèvres,
Cœurs de lions et cœurs de lièvres,
Chacun n'y songe qu'en tremblant.

Elle emmène de but en blanc
Les robustes comme les mièvres :
C'est l'éternelle Dame en blanc
Qui voit sans yeux et rit sans lèvres.

Nous avons beau faire semblant
De gambader comme des chèvres :
Dans nos ivresses, dans nos fièvres,
Toujours passe un spectre troublant :
C'est l'éternelle Dame en blanc.

RONDEAU DU GUILLOTINÉ

Flac! Le rasoir au dos de plomb
Vient de crouler comme une masse!
Il est tombé net et d'aplomb :
La tête sautille et grimace,
Et le corps gît tout de son long.

Sur le signe d'un monsieur blond,
Le décapité qu'on ramasse
Est coffré, chargé : c'est pas long!
        Flac!

Le char va comme l'aquilon,
Et dans un coin où l'eau s'amasse
Et que visite la limace,
Un trou jaune, argileux, oblong
Reçoit la boîte à violon :
        Flac!

TRANQUILLITÉ

Mon sentiment s'écroule et tombe,
L'indifférence me remplit,
Car ma haine s'ensevelit
Pendant que ma pitié succombe.

La femme couleuvre et colombe
N'est pour moi qu'un fait accompli
Mon sentiment s'écroule et tombe,
L'indifférence me remplit.

Sous la rafale, sous la trombe,
Mon calme inerte et sans un pli
Dort les longs sommeils de l'oubli
En attendant ceux de la tombe :
Mon sentiment s'écroule et tombe.

L'ÉPITAPHE

Quand on aura fermé ma bière
Comme ma bouche et ma paupière,
Que l'on inscrive sur ma pierre :
— « Ci-gît le roi du mauvais sort.
« Ce fou dont le cadavre dort
« L'affreux sommeil de la matière,
« Frémit pendant sa vie entière
« Et ne songea qu'au cimetière.
« Jour et nuit, par toute la terre,
« Il traîna son cœur solitaire
« Dans l'épouvante et le mystère,
« Dans l'angoisse et dans le remord.
« Vive la mort ! Vive la mort ! »

DE PROFUNDIS

DE PROFUNDIS!

Mon Dieu! dans ses rages infimes,
Dans ses tourments, dans ses repos,
Dans ses peurs, dans ses pantomimes,
L'âme vous hèle à tout propos
Du plus profond de ses abimes!

Quand la souffrance avec ses limes
Corrode mon cœur et mes os,
Malgré moi, je crie à vos cimes :
    Mon Dieu!

Aux coupables trainant leurs crimes,
Aux résignés pleurant leurs maux,
Arrivent toujours ces deux mots,
Soupir parlé des deuils intimes,
Vieux refrain des vieilles victimes :
    Mon Dieu!

TABLE

	Pages.
MEMENTO....	V

LES AMES

Le Fantôme du Crime.	3
La Conscience.	6
Les Frissons.	7
Les Reflets.	11
Les Larmes du Monde.	12
Douleur muette.	13
Les Parfums.	14
Les Bienfaits de la Nuit.	17
La Créole.	18
Le Silence.	19
Nocturne.	20
L'Ange gardien.	21
Les Plaintes.	22
Les Vierges.	25
Mystère.	26
L'Ange pâle.	27
Le Goût des Larmes.	28
La Voix.	29
La Parole.	31
Les Étoiles bleues.	32
Les Yeux bleus.	33
Les Yeux.	34
Violette.	37

	Pages.
L'Introuvable.	38
L'Habitude.	40
L'Espérance.	41
L'Envie.	42
Les petits Souliers.	43
Aquarelle.	44
Les Cloches.	45
Le Ciel.	46
La Blanchisseuse du Paradis.	47
A une Mystérieuse.	48
La Musique.	49
Le Piano.	51
Marches funèbres.	52
Chopin.	53
Edgar Poe.	56
Balzac.	57
A l'Inaccessible.	58
L'Impuissance de Dieu.	59
L'Étoile du Fou.	60

LES LUXURES

Les Robes.	63
Le Succube.	66
Les Martyrs.	67
Les Lèvres.	68
Lèvres pâmées.	71
La Belle Fromagère.	72
La Marchande d'Écrevisses.	76
La Baigneuse.	77
L'Amour.	79
La Chair.	80
De la Même à la Même.	81
Les Drapeaux.	82
Les Visions roses.	83

	Pages.
Jalousie féline.	84
La Chanson des Yeux	87
Les Yeux des Vierges.	89
Vierge damnée.	90
La Relique.	91
Les Seins.	95
Le Cauchemar d'un Ascète.	98
La Torture.	99
A la Circé moderne.	100
La Mariée.	102
Le Chat.	103
A l'Insensible.	107
Les deux Serpents.	109
Les deux Poitrinaires.	110
La dernière Nuit.	113
Le Magasin de Suicides	114
Le mauvais Mort.	115
Le Mensonge.	116
Ombres visiteuses.	117
La Bête.	119
La Ventouse.	121

LES REFUGES

Le Cœur guéri.	125
Ballade de l'Arc-en-Ciel.	128
L'Allée de Peupliers.	130
Villanelle du soir.	133
La Rivière dormante.	137
Nuit tombante.	140
Le petit Lièvre.	143
Le Rossignol.	147
Le Soleil.	150
Les Fils de la Vierge.	151
La Sauterelle.	152

	Pages.
Ballade de la reine des Fourmis et du roi des Cigales..	156
La Tonnelle.	158
La Fontaine.	159
Les Roses.	160
Rondeau de Printemps.	163
Le Liseron.	164
Les Pâquerettes..	165
Les Pouliches..	166
Le Minet.	168
La petite Souris..	169
La Vache au Taureau..	170
Ballade du vieux Baudet..	175
Le Cheval poitrinaire.	177
Ballade de la petite Rose et du petit Bluet.	178
Les Prunelles..	180
La Mort des Fougères..	181
La Mousse.	182
Le Val des Marguerites.	183
Les Papillons..	186
La Toiture en ardoises.	190
Villanelle du Ver de terre.	191
Le Lait de Serpent.	193
Les Serpents.	194
Ballade des Lézards verts.	198
L'Idiot.	200
La Cornemuse.	201
La Lanterne.	202
Le Chant du Coq.	203
Les Rocs.	204
Le Martin-Pêcheur.	206
Le petit Pierrot..	207
Les Grives.	208
Les Cheveux champêtres.	211
Le Vent d'Été.	213
Ballade des Nuages..	214
Les vieilles Haies..	216

	Pges
La Biche.	219
Les petits Fauteuils.	220
Le Baby.	223
Ballade du Châtaignier rond.	226
Le Moulin.	228
Le Bruit de l'Eau.	229
Les Marnières.	230
Le Ravin des Coquelicots.	231
L'Enterrement d'une Fourmi.	234
Souvenir de la Creuse.	235
La Pipe.	237
Ballade des Barques peintes.	239
Les Mouettes.	241
Paysage d'Octobre.	243

LES SPECTRES

La Peur.	249
L'Amante macabre.	255
Mademoiselle Squelette.	259
La Morte embaumée.	262
La Bibliothèque.	265
La Chambre.	266
Le Somnambule.	268
Le Mime.	269
La Buveuse d'absinthe.	270
Le Mot de l'Énigme.	273
Le Voleur.	275
Le Bohème.	276
Le Marchand d'habits.	277
L'Enterré vif.	278
Les Becs de gaz.	283
Le Soliloque de Troppmann.	284
Le Bourreau monomane.	293
Le Monstre.	296

	Pages.
Le Tunnel.	297
Le Fou.	298
Le Maniaque.	299
La Céphalalgie.	300
La Déveine.	302
La Maladie.	306
L'Hypocondriaque	307
La Pluie.	308
Les Dents.	310
Le Portrait.	313
La Joconde.	315
La Chimère.	316
La Folie.	319
Sonnet à la Nuit.	320
Le Mauvais Œil.	321
Le Rasoir.	322
Villanelle du Diable.	323
L'Étang.	326
Le vieux Mouton.	327
La Dame en cire.	328
L'Enragée.	330
Les Yeux morts.	331
Le Boudoir.	332
La Nuit de Novembre.	333
L'Ami.	337
La Clairière.	338
Le Meneur de Loups.	339
L'Horoscope.	342

LES TÉNÈBRES

Le Gouffre.	347
La Ruine.	350
Le Cœur mort.	356
Les Larmes.	357

	Pages.
Le Rire.	360
L'Angoisse.	363
Les Agonies lentes.	365
La Chanson des Amoureuses.	369
La Chanson de l'Amant.	370
L'Ensevelissement.	371
La Bière.	372
La Morgue.	374
Les Glas.	376
Ballade du Cadavre.	377
La Putréfaction.	379
Le Silence des Morts.	382
L'Enfer.	383
Notre-Dame la Mort.	384
Rondeau du Guillotiné.	385
Tranquillité.	386
L'Épitaphe.	387

DE PROFUNDIS

De Profundis.	391

Paris. — Typ. G. Chamerot, 19, rue des Saints-Pères. — 1373.

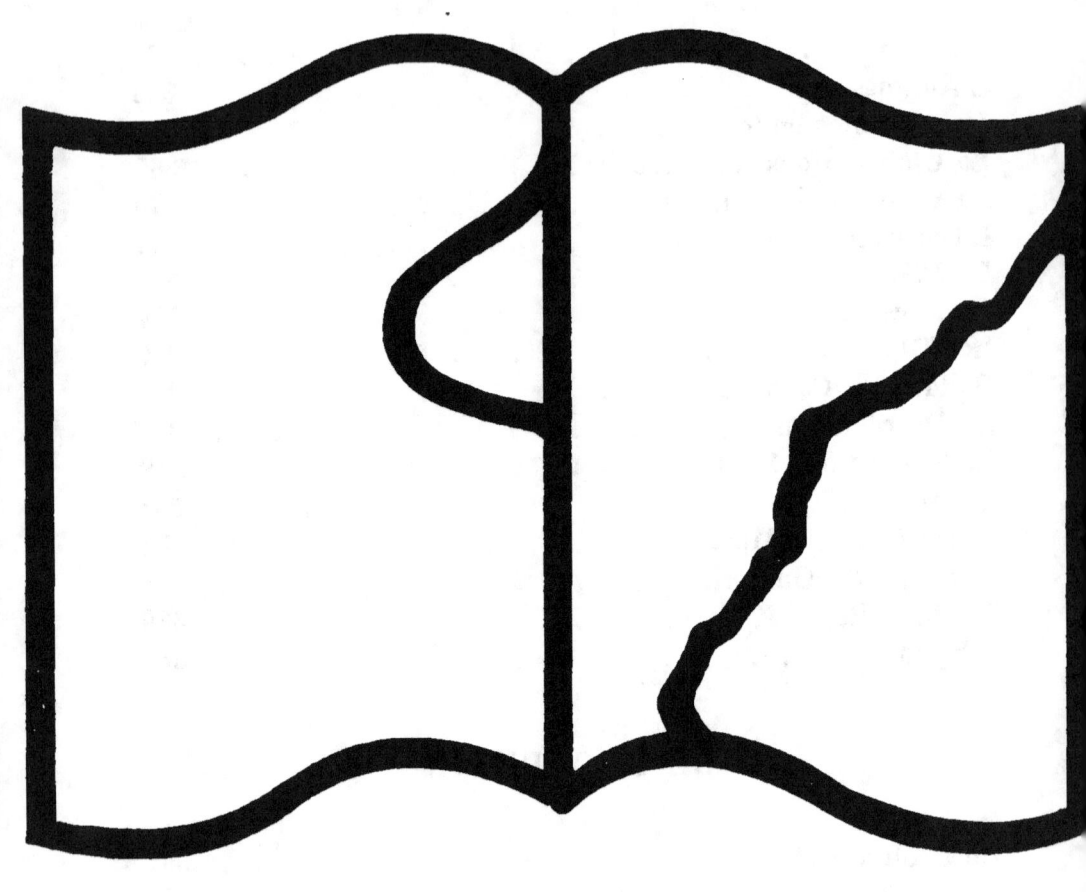

Texte détérioré — reliure défectueuse

NF Z 43-120-11

www.ingramcontent.com/pod-product-compliance
Lightning Source LLC
Chambersburg PA
CBHW071909230426
43671CB00010B/1531